MARGARETE GERING

100 moderne Tanz- und Scherzspiele

Anregungen für Partys und fröhliche Feste

VERLAG OTTO TEICH · DARMSTADT

ISBN 3-8069-0231-3

Gesamtherstellung: Druckerei Emil Patzschke, Neustadt b. Coburg
Titelzeichnung: Gerhard Berthold
Illustrationen von Irene Scharwächter
Printed in Germany

INHALT

Wir verteilen Preise

1. Der Streifentanz

Für kleinen oder großen Kreis

12 cm lange Streifen aus festem, weißem Karton, 2 bis 3 cm breit, in der Anzahl der Herren

Das ist ein Tanzspiel, das viel Freude macht, weil es die ständige Aufmerksamkeit beider Tanzpartner fordert, aber auch die Zuschauer kommen auf ihre Kosten. Es werden ca. 2 bis 3 cm breite und ca. 12 cm lange Streifen aus festem, weißem Karton geschnitten, etwa die Hälfte jedes Streifens wird doppelt gefaltet, damit der Streifen widerstandsfähiger ist und besser haftet. Wir stecken das doppelt gefaltete Ende unter den Kragen des Herrenjacketts (hintere Mitte). Es schauen also unter dem Kragen noch etwa 6 cm des Streifens hervor. Nun beginnt Foxtrottmusik.

Die Damen haben zwei Aufgaben: den Streifen anderer Paare zu stehlen, gleichzeitig jedoch den Streifen des eigenen Partners zu beschützen. Sie behüten ihn, indem sie bei Gefahr schnell die linke Hand darüber decken. Ständiges Bedecken jedoch führt zum Ausscheiden des Paares.

Der Herr hat die Aufgabe, durch rasche Drehungen im Tanz den Verlust seines Streifens zu vermeiden und den Tanz flüssig zu erhalten. Die Tanzhaltung darf nicht gelöst werden. Auch darf der Tanz nicht in Laufen übergehen. Paare, die den Streifen einbüßen, scheiden aus. Diese Paare – einschließlich eventueller Nichttänzer – bilden eine Kette, welche die Tanzfläche verkleinert, je nachdem sich die Zahl der Paare verringert. Die »Kette« gibt natürlich noch Kommentare und Anfeuerungen von sich, aber Warnrufe wären unfair. Das »Kettenglied«, das parteiisch warnt, muß ausscheiden.

2. Weinflaschengasse

12 bis 16 Flaschen

Wir stellen die Flaschen so auf, daß eine etwa 1 m breite Gasse gebildet wird. Nach Walzermusik tanzen die Paare auf die Gasse zu und durch sie hindurch. Sie dürfen keine Flasche berühren oder gar umwerfen. Geschieht dies aber, muß das betreffende Paar ausscheiden. Von Runde zu Runde stellen wir die Flaschen enger auf, so daß zum Schluß nur noch die geschicktesten Paare Walzer hindurchtanzen können, ohne die Flaschen umzuwerfen. Tanzleiter und Publikum passen auf, daß wirklich Walzer getanzt wird und daß keine Flaschen umgeworfen werden.

3. Geschicklichkeit ist alles!

In großen Räumen durchzuführen

Das gibt einen ganz besonderen Spaß! Der Wettbewerb führt über, unter und durch allerlei Hindernisse, dabei treibt die Stoppuhr unerbittlich zur Eile. Unsere Paare müssen bewältigen: die Wippe, das Übersteigen, das Tanzen in Rumpfbeuge, Durchtanzen durch den

Tunnel, Finden durch das Labyrinth und Umtanzen des »Denkmals«, und zwar ohne großen Zeitverlust.

An Vorbereitungen sind nötig: ein ca. 60 cm breites starkes Brett, darunter eine Holzrolle (in Ermangelung eines Besseren zwei miteinander durch Draht fest verkoppelte Nudelhölzer), zwei Stühle mit niedrig gespanntem festem Bindfaden, dazwischen (1 m Abstand); zwei Stühle mit festem Bindfaden, gespannt von Lehne zu Lehne ($1^1/_2$ m Abstand), zwei Stuhlreihen – an jedem Stuhl eine Stange – und von Stuhlreihe zu Stuhlreihe über die Stangen gelegte Schlafdecken, die als Tunnel dienen.

Brettwippe: Die Paare tanzen darüber hinweg, die Tanzhaltung darf dabei nicht gelöst werden.

Niedriger Faden: Die Paare müssen darübersteigen und weitertanzen.
Höherer Faden: Die Paare müssen darunter hinwegtanzen.

Tunnel: Die Paare müssen hindurchtanzen.

Labyrinth: Wir bauen eine Art Slalom aus Stühlen in einer Ecke des Raumes. Man muß durch das Labyrinth hindurchtanzen.

Denkmal: Ein Nichttänzer steht in Denkmalspose. Jedes Paar muß sich vor dem Denkmal trennen, in entgegengesetzer Richtung um das Denkmal herumgehen und wieder weitertanzen. Der Tanzleiter steht in der Mitte des Raumes mit der Stoppuhr in der Hand. Diejenigen, die die kürzeste Zeit bei korrektem Durchtanzen der Hindernisse erreichen, sind das Siegerpaar. Man kann auch zwei Mannschaften bilden, die gegeneinander kämpfen, das erhöht den Spaß und spornt sowohl die Tanzenden als auch die sportbegeisterten Zuschauer an. Als Tanz wird Foxtrott empfohlen.

4. Bierdeckeltanz

Bierdeckel in der Anzahl der Herren

Die Herren erhalten als Kopfbedeckung Pappdeckel (Bierdeckel), auf denen ein halber kleiner Apfel, eine halbe Kartoffel oder ähnliches mit Draht befestigt ist. Dieser Deckel liegt lose auf dem Kopf des Herrn. Dann wird lebhafter Foxtrott, Walzer oder Boogie getanzt. Verliert der Herr seinen »Hut«, muß das Paar ausscheiden. Wer trotz bewegten Tanzes mit ruhiger Haltung seinen Deckel oben behielt, gewinnt den Preis.

Die folgende Abwandlung stellt noch größere Anforderungen an die Körperbeherrschung des Partners. Bierdeckel ohne Garnierung werden auf die linke Armbeuge des Tanzpartners gelegt, der dabei diesen Arm etwas mehr anhebt. Getanzt wird Foxtrott in gemäßigtem Tempo. Wer den Deckel verliert, scheidet aus. Der Sieger erhält einen schönen Preis.

5. Die beliebteste Tänzerin

Für kleinen Kreis

Strauß bunter Papierblumen in der Anzahl der Herren

Gut zugänglich für jeden Partner stellen wir eine Vase auf, die bunte Papierblumen enthält. Jeder Herr entnimmt dem Strauß eine Blume und überreicht sie der Dame, die er zum Tanz auffordert. Es gewinnt die Dame, welche die meisten Blumen vorweisen kann.

Für größere Veranstaltungen

2 Waschkörbe mit kleinen bunten Sträußen

Acht große Tablette werden dicht mit bunten kleinen Sträußchen belegt und auf Seitentischen etwas schräg so aufgestellt, daß die Herren sie jeweils von ihrem Platz aus rasch erreichen können. Jeder Herr entnimmt einen kleinen Strauß und überreicht ihn seiner Tanzpartnerin bei Beginn eines Tanzes. Die beiden Damen, denen die meisten Sträußchen überreicht wurden, erhalten einen Preis. – Die Blumentablette müssen bis zu Beginn des Tanzspiels kühl und feucht aufbewahrt werden.

6. Maskentanz

Für kleinen oder mittleren Kreis

Aus Stoffresten geschnittene Gesichtsmasken in der Anzahl der Damen

Wir fertigen aus beliebigen Stoffresten Masken mit Bändern, um sie vor dem Gesicht und möglichst auch einem Teil des Kopfes zu befestigen. Unsere Gäste versammeln sich in getrennten Räumen, Herren im Tanzraum, Damen in einem anderen, sie legen dort die Masken an. Dann betreten sie den Tanzraum und werden von den Herren zum Tanz aufgefordert. Derjenige Herr, der seine Partnerin am schnellsten erkennt und mit Namen nennt, gewinnt einen Preis. Gute Beobachtungsgabe ist entscheidend.

7. Apfeltanz

Äpfel oder Apfelsinen

Die beiden Tanzpartner müssen mit den Stirnen einen Apfel halten können. Als Musik verwenden wir einen gemäßigten Foxtrott. Wer den Apfel verliert, scheidet aus. Boshaft ist es, wenn zwei ungleich große Partner miteinander tanzen sollen. In den Endrunden wird lebhaftere Musik eingesetzt, um das Halten des Apfels zu erschweren. Das Siegerpaar wird prämiiert.

8. Der Walzerkönig

Für größere Veranstaltungen

20 bis 30 Startnummern, Stimmzettel, Bleistifte, Gewinne

An diesem Spiel ist das ganze Publikum beteiligt, auch die notorischen Nichttänzer finden Beschäftigung. Einige Damen oder Herren ernennt der Tanzleiter oder Gastgeber zu seinen Assistenten, denn diesen groß durchgeführten Wettbewerb kann er nicht allein bewältigen. Gespielt wird natürlich Walzer. Da bei Ankündigung eines Preistanzes erfahrungsgemäß die Tanzfläche leer bleibt, werden die Anwesenden »überrumpelt«. Die Musik bricht während eines allgemeinen Tanzes ab. Diplomatisch zeigen wir nun zuerst die hübschen Gewinne vor, die auf den »Walzerkönig« und seinen »Thronfolger« warten. Hier sind nun vielleicht die älteren Jahrgänge Favoriten, und das macht besonderen Spaß. Noch lange werden sie von dem Fest schwärmen, bei dem auch mal betagtere Paare gewannen. Wir erklären den Wettbewerb und befestigen die Startnummern am linken Oberarm oder auf dem Rükken der Partner. In der Zwischenzeit verteilten die eifrigen Helfer Zettel und Bleistifte für die Stimmabgabe. Dann können die ersten vier bis sechs Paare zum Tanzen antreten. Nach etwa zwei Runden glatten Rechtswalzers ertönt plötzlich unser Kommando: »Nun bitte Linkswalzer! Schön außen auf der Tanzfläche bleiben!« Jetzt sieht die Sache schon anders aus. Linkswalzer, und noch dazu schön auf »Linie«, bringt nicht jeder fertig. Nachdem sich die erste Staffel redlich um eine Linksrunde gekämpft hat, erlösen wir sie. Die nächste Abteilung startet. Unsere Assistenten sammeln die Stimmen des Publikums für die erste Staffel ein, später ebenso für die zweite usw., bis alle »Königsanwärter« ihre Walzerkunst gezeigt haben. »Wahlgehilfen« aus dem Publikum helfen auszählen – dann kann niemand »Schiebung« rufen. Nun folgen Ausscheidungsrunden, um den endgültigen »Walzerkönig« und seinen »Thronfolger« zu ermitteln. Die Sieger bekommen ihre Gewinne und tanzen eine Ehrenrunde.

9. Stafettenfox

Ein Holzstab, ca. 20 cm lang, zwei Kärtchen in Kuverts mit der Aufschrift »Gewinn« bzw. »Niete«

Der Holzstab wird von einem Paar übernommen und während des Tanzens von Paar zu Paar weitergegeben. Wenn die Musik abbricht, scheidet das Paar aus, das gerade den Stab hat. Je weniger Paare auf der Tanzfläche sind, desto mehr wird sie verkleinert. – Zwei Siegerpaare werden prämiiert. Der Stab *muß* angenommen werden.

Um zu verhindern, daß Paare vor dem Stab ausreißen, können wir jeweils unentschieden lassen, was dem Paar bevorsteht, das bei Musikende im Besitz des Stabes ist. Ein Nichttänzer hält einen Weinkühler oder einen Hut bereit. Darin liegen zwei Kuverts, in denen je ein Kärtchen mit der Entscheidung »Gewinn« oder »Niete« ist. Das Paar, das gerade den Stab hat, zieht ein Kuvert, vielleicht hat es Glück.

10. Uhrentanz

Vier große Wecker, ein Paket Schulkreide

Mit festen Kreidestrichen teilen wir die Tanzfläche in vier etwa gleiche Karrees. In der äußersten Ecke jedes Karrees steht ein Wecker. Die Wecker sind auf verschiedene Zeitabstände eingestellt. Sobald ein Wecker läutet, wechseln die Partner innerhalb des betreffenden Karrees. Während der nächsten Tour wird jeweils der Wecker neu eingestellt, der geläutet hatte.

Der Uhrentanz läßt sich auch anders ausführen. Wir ziehen zwei feste Kreidestriche über Kreuz auf die Tanzfläche, so daß vier gleichmäßige Quadrate entstehen. Nun zeichnen wir ein auf die Spitze gestelltes Viereck, dessen Mittelpunkt sich mit der Mitte der gekreuzten Kreidestriche deckt. So ergeben sich im Innenraum der Tanzfläche nochmals vier kleine Dreiecke. An den Ecken der Tanzfläche stehen unsere Wecker, auf verschiedene Zeiten eingestellt. Wir selbst stehen etwas erhöht im Mittelpunkt mit einem Körbchen, das Lose enthält. Die Paare müssen sich zu uns heranwagen, um ein Los zu erhalten, laufen aber dabei Gefahr, daß ihr »Karree-Wecker« läutet. Damit zwingt er sie zum Ausscheiden und zum Zurückgeben des Loses. Diejenigen Paare, denen dieses Schicksal erspart blieb, erhalten am Ende kleine Gewinne.

11. Dublettentanz

Für kleinere und größere Veranstaltungen

Vielerlei Gegenstände, die jeweils doppelt vorhanden sein müssen

Wir legen auf zwei Tischen zu beiden Seiten des Tanzraumes Gegenstände bereit, die doppelt vorhanden sein sollen, einmal für den rechten Tisch (Damentisch) und einmal für den linken Tisch (Herrentisch). Die Tanzmusik wird plötzlich abgebrochen, jede Dame nimmt vom Damentisch einen Gegenstand, ebenso jeder Herr vom Herrentisch. Nun heißt es, den Partner zu finden, der den gleichen Gegenstand erwischt hat, ein fröhliches Hochhalten, Suchen und Durcheinander bringt Partnerwechsel und Bewegung. Je lustiger die Auswahl der »Dubletten«, desto mehr Spaß bietet dieses Tanzspiel: Herrenhüte, die bei der folgenden Tanztour aufgesetzt werden, Handschuhe, die man anzieht, Hausschuhe, die man hochhält, Schals, Staubtücher, Kochlöffel, Ausklopfer – es gibt genügend Gebrauchsgegenstände, die hier originell wirken, zumal sie während des Tanzes behalten werden müssen, ehe sie am Ende der Tour wieder auf den Tischen landen. Dies ist jedoch der Moment, in dem unsere Assistenten heimlich Gegenstände entfernen, so daß bald diese Dame, bald jener Herr ohne Partner bleibt und ausscheiden muß. Das letzte Paar erhält den Preis.

12. Das rettende Ufer

Für größere und kleinere Gesellschaften

Zu beiden Seiten der Tanzfläche stellen wir Stühle auf, und zwar zwei weniger, als wir Teilnehmer haben. In größerer Gesellschaft ist es ratsam, die Paare erst à la polonaise um den Saal zu führen und die Damen rechts, die Herren links Aufstellung nehmen zu lassen, um unseren Helfern Gelegenheit zu geben, die richtige Anzahl der Stühle rechts und links der Tanzfläche aufzustellen. Es wird getanzt – jede Musik ist verwendbar –, wenn jedoch die Kapelle abbricht, müssen Damen und Herren getrennt zu beiden Seiten des Saales einen Platz erobern. Eine Dame und ein Herr finden keinen Stuhl, sie müssen ausscheiden. Sobald die nächste Tour getanzt wird, nehmen wir wieder je einen Damen- und einen Herrenstuhl weg, so daß beim nächsten Musikstopp erneut zwei Teilnehmer übrig sind und ausscheiden. Das »rettende« Ufer verkleinert sich dadurch immer mehr; das Siegerpaar erhält einen Preis.

13. Der letzte Kreis

Für kleine und große Feste

Ein Paket Schulkreide

Ganz allein kann der Gastgeber oder Clubleiter dieses Tanzspiel nicht vorbereiten, daher bittet er zwei junge Herren zu sich, die »gut zeichnen« können. Schon ist man gespannt, was jetzt kommen wird. Die Assistenten nehmen Kreide zur Hand und malen gut verteilt Kreise auf die Tanzfläche. Jeder Kreis muß so viel Platz bieten, daß ein Paar darin stehen kann. Bitte feste Linien ziehen, damit nicht alles beim Tanzen verwischt! Es wird ein Kreis weniger gezeichnet, als sich Paare an diesem Spiel beteiligen. Ein mittlerer Foxtrott ist die geeignete Musik. Sobald sie abbricht, muß jedes Paar Zuflucht in einem Kreis suchen. Das Paar, das keinen Kreis mehr findet, scheidet aus. Nach jeder Tour wischen unsere Assistenten einen Kreis weg. Das Siegerpaar nimmt einen Preis in Empfang.

14. Schachtelstafette

Für kleinen Kreis

Zahnstocher, Streichholzschachteln

Jedes Paar erhält einen Zahnstocher als Stab in die gefaßten Hände (Tanzhaltung: linke Herrenhand, rechte Damenhand). Das Tanzspiel beginnt, indem wir auf einen dieser Zahnstocher die Deckelhülle einer Streichholzschachtel stecken. Während des Tanzes muß die Schachtel von Stab zu Stab weitergereicht werden. Wer sie verfehlt, darf weitertanzen und den Versuch wiederholen. Wer aber die Schachtel fallen läßt, scheidet aus. Um das Spiel ein wenig zu erschweren, tanzen wir schnellen Foxtrott, wobei die Tanzhaltung nicht gelöst werden darf. Es ist ratsam, Reserveschachteln zur Hand zu haben, falls die erste das »Lanzenturnier« nicht aushält oder am Boden zertreten wird. Das geschickteste Paar erhält einen Preis.

15. Tanzraten

Kreis von etwa 40 Personen

Wir verteilen Zettel und Bleistifte an unsere Gäste. Die Musik verschafft sich Gehör durch einen Tusch. Ankündigung: Bitte aufschreiben, welche Tänze von der Kapelle gespielt werden, also z. B. Reihenfolge: Foxtrott, Cha-Cha-Cha, Samba, Slowfox, Rumba. Wenn mehrere lateinamerikanische Tänze eingeflochten werden, wird sich mancher Teilnehmer nicht ganz klar sein, wie der betreffende Tanz heißt. Zehn Tänze lassen wir spielen. Dann sammeln wir die Zettel ein, bitten einen Unparteiischen hinzu und zählen die vier besten Damen und die vier besten Herren heraus. Sie müssen sich nochmals einer Aufgabe unterziehen. Sie sollen, ohne daß der Tanz angesagt wird, ihn richtig tanzen und danach benennen. Aus diesen Paaren ergeben sich die Allerbesten.

16. Polkawettbewerb

Für kleine und größere Feste

Stimmzettel und Bleistifte

Wer kann überhaupt noch die rechte, fröhliche, gehüpfte Kreuzpolka tanzen? Versuch oder Können – beides macht Spaß. Wir helfen ein bißchen nach.

Die Tanzhaltung ist wie üblich, jedoch etwas lockerer. Wir beginnen quer zur Tanzrichtung. Zuerst tanzen wir den gehüpften Kreuzschritt nach links und rechts.
Auf dem Standbein (Herr rechtes Bein, Dame linkes Bein) wird kurz angehüpft, dann tanzen wir zur Seite – nach links – einen sogenannten Chasséeschritt (also Herr: linken Fuß zur Seite, rechten Fuß angeschlossen und nochmals linken Fuß zur Seite – Dame: rechten Fuß zur Seite, linken Fuß angeschlossen und nochmals rechten Fuß zur Seite).
Nun kreuzen wir, und zwar: Der Herr setzt den rechten Fuß betont auf der Hacke auf und kreuzt dann mit demselben rechten Fuß über den linken hinweg, wobei er ihn nun betont auf die Spitze stellt.
Die Dame macht es umgekehrt: Sie setzt zuerst den linken Fuß betont auf Hacke, kreuzt mit ihm über den rechten Fuß hinweg und setzt dabei den linken Fuß betont auf die Spitze.
Nun das gleiche nach rechts, der Herr hüpft auf linkem Bein an (Dame auf rechtem Bein), Chassée-Schritt nach rechts, kreuzen (Herr mit dem linken Fuß, Dame mit dem rechten Fuß, Hacke-Spitze).
Nun Drehungen; gemeinsam werden gehüpfte Polkadrehungen getanzt (insgesamt zwei halbe Drehungen), dann folgen wieder die gehüpften Chassée-Schritte mit dem Kreuzen.
Wer am höchsten aufhüpft und am originellsten Hacke-Spitze kreuzt, bekommt den Preis. Unsere Helfer haben Stimmzettel und Bleistifte an das Publikum verteilt, das die Jury ist. Wir sammeln die Stimmen ein und zählen sie aus wie beim Tanzspiel »Walzerkönig«, Nr. 8.

17. Der Nußfoxtrott

Kleiner Kreis

Einige Walnüsse

Ähnlich wie beim Tanzspiel Nr. 7 »Apfeltanz« muß hier vom Paar eine Nuß gehalten werden, aber nicht mit den Stirnen, sondern – viel schwerer – mit den Nasen. Wer die Nuß verliert, scheidet paarweise aus. Die Geschicktesten werden Sieger.

18. Schlagerstopp

Kleiner oder mittlerer Kreis

Nummernschildchen in der Paaranzahl und nochmals die gleichen zum Auslosen in einem Körbchen; Stoppuhr

Den Partnern heften wir mit Stecknadeln die Nummern an Revers oder Oberarm. Bricht die Musik ab, wird aus dem Körbchen eine Nummer gezogen. Alle Paare bilden einen Kreis. Das Paar, das die gezogene Nummer hat, muß in die Mitte treten und einen beliebigen Schlageranfang singen, zumindest die erste Zeile eines bekannten Refrains aufsagen. Die Stoppuhr läßt nur wenige Sekunden Zeit dazu. Wer es nicht schafft, scheidet aus. Diejenigen, die bestanden haben oder denen die meisten Schlager einfielen, werden Sieger und erhalten Preise. Sobald die »Darbietung« jedesmal beendet ist, wird allgemein weitergetanzt, bis der nächste Schlagerstopp ein anderes Paar in die Mitte ruft.

19. Der Pingpongtanz

Für kleinen oder mittleren Kreis

Drei Pingpongbälle

Drei Paare stellen sich an einer Schmalseite des Raumes in Tanzhaltung auf. Zu ihren Füßen liegt ein Pingpongball. Sie müssen ihn mit den Tanzschritten zur gegenüberliegenden Wand befördern. Wer es zuerst geschafft hat, ohne die Kontrolle über den Ball verloren zu haben, ist Sieger der Runde.

20. Der wandernde Hut

Ein Herrenhut

Ehe die Musik einsetzt, wird einem Herrn auf der Tanzfläche ein Hut aufgesetzt. Während des Tanzes setzt die Dame den Hut sofort einem anderen Herrn auf, dessen Partnerin wieder einem anderen und so fort. Wenn die Musik dann plötzlich abbricht, muß der Herr, der den Hut gerade hat, mit seiner Dame ausscheiden. Das letzte Paar, das übrigbleibt, hat gewonnen.

Unterhaltend - amüsant

21. Polonäse

Nach der Tradition beginnt ein Tanzabend mit der Polonäse. Wir wählen eine echte – im $^3/_4$-Takt, nicht etwa einen Marsch, nach dem unsere Paare nur wie die Soldaten über das Parkett marschieren können. Das ist weder festlich noch tänzerisch, noch ein schöner Auftakt für unsere Veranstaltung. Der Gastgeber gibt ihr aber bereits ein »Gesicht«, wenn er mit einem weiblichen Ehrengast die richtige Polonäse anführt. Die Paare ziehen zum Auftakt in großem Oval um die Tanzfläche. Sobald sich genügend Paare angeschlossen haben, beginnen die Figuren. Wenn also das Oval geschlossen ist, schwenkt das erste Paar an einer Saal-Schmalseite – am besten gegenüber der Kapelle – nach links zu einer Viertelwendung ein und führt durch die Mitte des Saales bis zur Kapelle. Dort schwenkt das erste Paar nach links, das zweite nach rechts, das dritte wieder nach links, das vierte nach rechts und so weiter; dadurch bilden sich zwei »Schlangen«, die nun an den Saalseiten entlangziehen. Bitte sich nacheinander ausrichten, damit nicht die eine Reihe schneller ist als die andere. An der unteren Mitte begrüßt man sich mit leichtem Kopfnicken, der Herr des einen Paares faßt die Hand der anderen Dame, man zieht nun zu viert in der Mitte des Saales hinauf. Erlaubt es der Raum, kann die gleiche Figur zu acht wiederholt werden. Dann trennt man sich vor der Kapelle wieder mit Verabschiedung, löst auf, wie man sich vorher fand, bis alle Paare wieder hintereinander laufen – im großen Oval um den Saal herum.
Nun schwenkt das erste Paar wieder zum Mittelpunkt des Saales und beginnt hier das »Schneckenhaus«. Die erste Dame faßt die Hand des zweiten Herrn und so fort, bis alle Paare miteinander verbunden sind. Gleichzeitig bilden sich dadurch, daß immer eng und rund gegangen wird, Kreise. Sind alle Personen einbezogen, macht innen das erste Paar kehrt und rollt von der Mitte wieder zum großen Oval.
Ziehen alle Paare wieder außen um die Fläche, bleibt das erste Paar mit einer Viertelwendung stehen – Position nun seitlich zur Tanzrichtung –, hebt die gereichten Hände hoch zum Laubengang und läßt alle Paare durchkriechen. Jedes Paar, das durch den Gang gekommen ist, bleibt mit erhobenen Händen ebenfalls stehen und verlängert auf diese Weise den Gang. Sind alle Paare durchgekrochen, schließt sich das erste Paar an und durchläuft als letztes den Gang. Die anderen folgen

noch einmal. Anschließend stellen sich die Paare genauso wie voher zum Laubengang auf, jedoch jetzt Dame und Herr in einem 2-m-Abstand. Ist diese Aufstellung beendet, bricht die Polonäse ab – es beginnt Walzermusik. Der letzte Herr verneigt sich vor seiner Dame und tanzt mit ihr durch die Gasse hindurch Walzer, das zweitletzte Paar folgt sofort und so weiter, bis alle Paare im Walzerglück durch den Saal wirbeln.

22. Hüpfpolonäse

Da man einen heiteren Tanzabend nicht mit einer feierlichen Polonäse beginnen kann, veranstalten wir eine »Hüpfpolonäse«, die uns rasch in Stimmung bringt.
Schon die Tanzhaltung ist anders, nicht mit artig erhobener Hand, sondern einfach gefaßt, gesenkt – wie ein verliebtes Pärchen. Und wir ziehen auch nicht so gesetzt im Oval um die Fläche, sondern mal in Schlangenlinien, in der Diagonale, kurven rasch einmal einen Kreis in einer Ecke und winden uns zwischen den Tischen hindurch.
Plötzlich ertönt das Kommando: »Alles hüpft auf dem rechten Fuß!« Nach vier, fünf Hopsern erlösen wir unsere Paare, um aber gleich darauf aufzufordern: »Herren! Hüpfer – links!« So müssen sie, vielleicht lustig gestützt von ihren besorgten Damen, gar acht Hopser auf dem linken Bein fertigbringen. Diese fröhliche Polonäse kann auch über harmlose Hindernisse, z. B. eine Reihe von Fußbänkchen, führen, durch das Treppenhaus und den Garten. Doch immer wieder verurteilen wir unsere Paare zu ein paar Hüpfern, ehe wir die lustige Polonäse im Saal mit einem lebhaften Twist oder Boogi enden lassen.

23. Wunschtanz

Für jede Veranstaltung
Zettel und Bleistifte
Dieses Spiel gibt den Damen ebenso wie den Herren die Möglichkeit, nicht nur einen besonderen Tanzwunsch, sondern damit auch zugleich die Partnerwahl anzubringen. Wir verteilen an jedem Tisch Zettel und kleine Bleistifte. Jeder Gast kann sich einen Tanz wünschen, ihn auf den Zettel schreiben und seinen Namen dazu setzen (nicht vergessen!). Unsere Helfer holen die Zettel wieder ab, wir stellen fest, wer

denselben Tanz wünscht, rufen die Namen der Wünschenden auf und verständigen die Kapelle. Die anderen Paare gesellen sich hinzu, wenn sie ebenfalls Lust zu diesem Tanz haben.

24. Verlorene Herzen

Mittlere oder große Veranstaltung

Papierherzen in der Anzahl der Damen

Wir schneiden entsprechend viele Papierherzen aus und halten sie in einem Körbchen oder Kasten am Eingang bereit. Jede ankommende Dame schreibt auf eines davon deutlich ihren Namen. Während wir dann den »Tanz der verlorenen Herzen« ankündigen, wandert eine junge Dame über die leere Tanzfläche und läßt ein Herz nach dem anderen darauf niederfallen. Wir geben den Herren die Jagd frei, und jeder versucht, eines der Herzen aufzuheben. Der darauf geschriebene Name verrät ihm seine Partnerin für diesen Tanz. Ein Herr hat keine Dame bekommen, denn wir haben ein Herz zurückbehalten. Er darf sich daher von den bereits tanzenden Paaren diejenige Dame »abklatschen«, mit der er gern tanzen möchte.

25. Die Angel

Angelrute mit Drahtschlinge und Kärtchen

Erhöht inmitten der Tanzfläche steht der Gastgeber oder Clubleiter mit einer Angelrute in der Hand, an deren Ende eine stabile Drahtschlinge befestigt ist. Ihr Durchmesser muß so sein, daß die Schlinge über die in Tanzhaltung gefaßten Hände eines Paares gleiten kann. Damit werden tanzende Paare »herausgefischt«. Jedes muß zum Angler, der neben sich einen Weinkühler oder Korb stehen hat. Darin befinden sich zusammengefaltete Kärtchen, von denen das betreffende Paar eines ziehen muß. Die Kärtchen kommen jedoch immer wieder in den Korb zurück. Da gibt es entweder etwas Angenehmes oder aber auch eine Verpflichtung, z. B.:

Das Paar gewinnt einen Gutschein für Getränke.

Das Paar tanzt allein unter dem Beifall der anderen die nächste Tour an, ehe sie alle mitmachen.

Das Paar muß nach dem Angeltanz allein etwas vortanzen.

Das Paar muß sich trennen, die Dame und der Herr müssen »Mauerblümchen« auffordern.
Natürlich können wir auch kleine Präsente bereithalten.
Abart des »Angeltanzes« ist das »Päckchenangeln«.
Hier machen wir es umgekehrt. An der Angel befestigen wir kleine Päckchen mit bescheidenen Präsentchen, z. B. 2 Zigaretten, 1 Streifen Schokolade, 1 Gutschein für ein Getränk usw. Die Paare versuchen – ohne den Tanz dabei zu unterbrechen –, das schwebende Päckchen zu erwischen und von der Angel zu lösen. Wer eines erwischt hat, muß ausscheiden. Natürlich machen wir es unseren Gästen nicht allzu leicht, sondern necken sie erst tüchtig.

26. Geisterstunde

Lustige Abwechslung für kleinen Kreis
Man kennt sich allerseits gut, soll sich aber zu Beginn des Tanzabends einmal nicht gleich erkennen. Also bitten wir unsere Damen, etwas früher zu kommen, stecken sie unter Bettlaken und wechseln nach Möglichkeit noch die Schuhe aus, sofern es die Größen zulassen. Die Musik spielt bereits, die Herren erhalten noch einen Drink, während nebenan der Mummenschanz vor sich geht, und dann betreten die »Geister« den Tanzraum. Wer von den Herren zuerst seine Partnerin erkennt, bekommt ein Extraglas spendiert.

27. Aschenputtel

Für kleinere Gesellschaft

Es wird bestimmt lustig, wenn unser Kommando ertönt: »Alle Damen ziehen ihren rechten Schuh aus!« Wir sammeln die diversen Pumps, Slipper und so weiter in einen Korb ein. Unter allgemeinem Hallo wird erst einmal mit nur einem Schuh weitergetanzt – das ist oft gar nicht so einfach. Dann bricht die Musik ab – unsere Herren greifen mit geschlossenen Augen in den Korb und erwischen irgendeinen Schuh. Nun heißt es: die Dame zu suchen, die zu dem Schuh gehört – da zeigt sich die Beobachtungsgabe der Herren. Wer es am schnellsten geschafft hat, wird Sieger.

28. Besentanz

Für größere Veranstaltung

Ein Stubenbesen

In einem kleinen Raum können wir dieses Spiel nicht veranstalten. Am Rand der Tanzfläche werden in einem weiten Oval so viele Stühle dicht nebeneinander aufgestellt, wie wir Teilnehmer haben, minus einen! Alle nehmen Platz. Dann erfolgt die Aufforderung zum Tanz. Der Übriggebliebene – sei es nun Dame oder Herr – muß mit dem Besen tanzen, und zwar innerhalb des Ovals. Die Musik braucht nicht abzubrechen. Wenn der Tanzende den Besen zu Boden wirft, sucht jeder rasch einen Stuhl zu bekommen. Wer keinen Platz erwischt, muß nun »Besentänzer« sein.

29. Der hölzerne Partner

Ein Stubenbesen

Ähnlich wie der Besentanz wird dieses Spiel durchgeführt.
Wir setzen jedoch keine Stühle im Oval auf, sondern unsere Paare tanzen frei auf der Fläche. Der »Besentänzer« wirft seinen »Partner« plötzlich zu Boden. Dies ist das Signal, daß alle tanzenden Paare ihren Partner wechseln müssen. Wer keinen bekommt, muß die nächste Tour mit dem »hölzernen Partner« tanzen.

30. Marmorbilder

Für kleinen oder mittleren Kreis

Dieses Spiel können wir ohne Vorbereitungen und ohne Material veranstalten. Auf unseren Wink setzt die Musik aus, gleichzeitig kommandieren wir: »Alle sind Marmorbilder!« und unsere Paare müssen starr in der Pose stehenbleiben, die sie eben einnahmen. Da ergeben sich komische Figuren! Wer wackelt, scheidet aus. Die nächsten Touren wiederholen das Spiel, aber die Musik steigert das Tempo, um auch die Standfesteren zu erschüttern. So ermitteln wir das Siegerpaar. Zuschauer und Nichttänzer können eventuell noch dazu mit Stimmzetteln die komischsten »Statuen« auswählen und prämiieren.

31. Moderne Kunst

Für kleinen Kreis

Provisorische Staffelei mit Zeichenbogen, aufgezweckt, farbige Kreide

Seitlich der Tanzfläche steht unsere Staffelei, darauf sind große Zeichenbogen aufgezweckt. Zeichenkreide in verschiedenen Farben liegt bereit. Jedes vorbeitanzende Paar muß vor dem Bild verharren und daran eine Minute weitermalen. Der Gastgeber hat die Zeichnung mit ein paar lustigen einführenden Worten begonnen.

Der Tanz wird etwas länger gespielt als üblich. Ist er zu Ende, wird gemeinsam das Meisterwerk betrachtet und gedeutet. Man kann auch zu Beginn das Thema angeben und wird zum Schluß helle Freude daran haben, was aus dem Motiv geworden ist.

32. Ballon nach Maß

Für kleinen oder mittleren Kreis

Aufblasbare Luftballons in der Anzahl der teilnehmenden Paare

Jedes Paar erhält einen Ballon und muß ihn während des Tanzes so groß wie möglich aufblasen. Bei Musikstopp wird der Umfang jedes Ballons gemessen und der größte prämiiert. Manchmal knallt es zur Erheiterung aller. Geplatzte Ballons zwingen natürlich die betreffenden Paare zum Ausscheiden.

Das Spiel kann auch ohne Tanz und auch mannschaftsweise durchgeführt werden.

33. Schlußallee

Für jede Tanzveranstaltung

Wir führen an, und alle Paare formen sich aus dem allgemeinen Tanz zur Aufstellung an der Saal-Außenseite. Damen und Herren in einem 2-m-Abstand bilden eine Gasse, die »Allee«. Das letzte Paar tanzt durch die Allee hindurch dem Ausgang zu, am besten im guten, alten Galopp, er macht den meisten Spaß! Das vorletzte Paar schließt sich an, das drittletzte und so weiter, bis schließlich alle Paare den Saal tanzend verlassen haben.

Partnerwahl

34. Eine Kette

Für beliebigen Kreis

Ein fröhlicher Festbeginn, bei dem auch die »Eckenhocker« aufgestöbert werden, ist dieses Tanzspiel. Der Gastgeber oder Vereinsvorstand reicht einer Dame die Hand und führt sie zur Tanzfläche; sie greift sich sofort mit der freien Hand einen Partner, dieser wieder ebenso eine Dame und so weiter, bis eine lange Schlange zu lebhafter Musik, am besten zu einem Marsch, dahinzieht. Dann ein Wink zur Kapelle und ein lustiges Kommando: »Alles ordnet sich paarweise und tanzt!«

35. Schneeballtanz

Für beliebigen Kreis

Ein Herr fordert eine Dame auf und tanzt mit ihr eine halbe Runde. Beide verabschieden sich voneinander. Jeder engagiert einen neuen Partner bzw. Partnerin. Beide Paare tanzen wieder nur eine halbe Runde, trennen sich und holen erneut Damen und Herren vom Tisch. Dasselbe wiederholt sich, bis alle Paare auf dem Parkett sind, da bei jedem Wechsel sich die Anzahl verdoppelt. So wird auch der Bequemste oder der Schüchternste aus der Ecke hervorgeholt.

36. Schlagerecho

Für beliebigen Kreis

Weiße Kartonstreifen

Eine Partnerwahl können wir auch mit dem »Schlagerecho« veranstalten. Dafür haben wir in getrennten Körbchen die Kartonstreifen für Damen und Herren vorbereitet. Auf den Damenkarten steht die 2. Hälfte eines bekannten Schlagerrefrains, während auf der Herrenkarte dazu die 1. Hälfte aufgeschrieben ist.

Wir lassen Damen und Herren in Gegenüberstellung am Rand der Tanzfläche antreten und die Körbchen an den Reihen entlangwandern. Jede Dame entnimmt dem Damenkörbchen einen Kartonstreifen, jeder Herr tut dasselbe aus dem Herrenkorb. Nun beginnt der äußerste Flügelmann. Er liest laut die erste Hälfte des von ihm gezogenen Schlagerrefrains vor. Von der Damenseite erklingt die er-

gänzende zweite Hälfte, dieses Paar tanzt den nächsten Tanz gemeinsam. Der nächste Herr ruft einen Schlagertext, die entsprechende Dame ergänzt, beide finden sich und so weiter, bis alle Paare ihre Karten vorgelesen und die Partner gefunden haben.
Wir können eventuell auch die Paare bereits antanzen lassen, während noch aufgerufen wird, dann muß die Musik jedoch vorläufig sehr dezent spielen, damit das Lesen der Texte nicht übertönt wird.

37. Tanzkarten

Für beliebigen Kreis

Bekannt sind Tanzkarten als Mittel, eine abwechslungsreiche Partnerfolge zu sichern. Die übliche Art, Eintragungen zu erbitten, kann dahingehend belebt werden, daß die Karten reihum wandern und Eintragungen für diesen oder jenen Tanz erfolgen, ohne daß man die Eigentümer der Karte kennt. Damenkarten müssen andersfarbig sein als Herrenkarten und entsprechend kenntlich gemacht werden.
Nun streuen wir die Kartentänze in den allgemeinen, frei zu wählenden Tanz ein. Die eingetragenen Namen werden gegenseitig gerufen, und die Paare finden sich. Passiert es, daß besonders Beliebte »vergriffen« sind und die »Besteller« leer ausgingen, so dürfen diese bei der nächsten Tanzkartentour als erste den gewünschten, vorher »ausverkauften« Partner rufen.

38. Ballwerfen

Für kleinen bis mittleren Kreis

Bunte Bälle in der Anzahl der Damen

Die Bälle können aus buntem Kreppapier oder Stoff gefertigt sein. Wir verteilen sie an alle Damen, die sich damit einen Partner wählen können. Sie müssen den Herrn mit dem Ball treffen. Er hebt den Ball auf, bringt ihn der Dame zurück und tanzt mit ihr. Nach »Halbzeit« wird gewechselt, jetzt werfen die Herren.
Natürlich kann man auch während des Tanzens umschichtig Damen- und Herrenwahl arrangieren.

39. Korbwalzer

Für große Veranstaltungen

Ein geflochtener Korb, entweder sehr groß oder ganz niedlich, beides macht Spaß

An einer Schmalseite des Tanzraumes – meist vor der Kapelle – wird ein Stuhl aufgestellt. Hier nimmt ein Gast, entweder Dame oder Herr, Platz. Dann überreichen wir ihr oder ihm den Korb.
Zu beiden Längsseiten stellen sich inzwischen die Tanzanwärter auf, rechts die Damen zu zweit, links die Herren zu zweit, so daß sich also zwei lange Schlangen bilden.

Sitzt auf dem Stuhl vor der Kapelle eine Dame, treten nun von der Herrenseite zwei Herren vor sie hin, verbeugen sich höflich und erwarten ihre Entscheidung. Der Herr, den sie ablehnt, bekommt den Korb und nimmt auf dem Stuhl Platz, während die Dame mit dem Erwählten davontanzt.
Nun hat der verschmähte Herr die Wahl, denn vor ihn treten zwei Damen hin und knicksen artig. Oft genug wird hier Wahl zur Qual. Die abgelehnte Dame erhält den Korb, sie wiederum darf unter den beiden an sie herantretenden Herren den Partner wählen.
Die Paare tanzen nur einige Runden im frei gebliebenen Teil des Saales, verabschieden sich dann, Dame reiht sich an die Damen- und Herr reiht sich an die Herenschlange an und so weiter, damit die Reihen laufend Nachschub erhalten.

40. Damenwahl

Eine gute Möglichkeit, seltener engagierte Partnerinnen zu unterhalten, war und ist die Damenwahl. Hier sollte man jedoch die Tanztour nicht allzu lang bemessen und keine schwierigen Tänze spielen lassen, damit den mehr oder weniger unfreiwillig beanspruchten Herren die Lust nicht vergeht.

41. Durch die Blume

Für beliebigen Kreis

Papierblumen, immer zwei gleiche Exemplare

In zwei Vasen halten wir die Blumen bereit. Damen und Herren entnehmen eine Blume. Die Dame und der Herr, die zufällig die gleichen Blumen zogen, finden sich zum Tanz.

42. Die Visitenkarte

Für kleineren Kreis

Ein kultiviertes Tanzspiel, das unseren Gesellschaftsabend eröffnen soll, ist das der »Visitenkarte«. Wir haben bereits mit unseren Einladungen, die rechtzeitig verschickt wurden, unsere Gäste – Damen ebenso wie Herren – gebeten, ihre Visitenkarten mitzubringen. Da wir wissen, daß man sich untereinander noch nicht kennt, möchten wir

auf diese hübsche Art vorstellen. In zwei Silberschalen sammeln wir beim Eintreffen unserer Gäste die Karten. Damenkarten in der einen, Herrenkarten in der anderen Schale! Sind alle Gäste anwesend, bitten wir um Gehör, begrüßen offiziell und nehmen dann eine Herrenkarte aus der Schale. Wir verlesen den Namen, gegebenenfalls natürlich mit Titel, der betreffende Herr kommt auf unsere einladende Geste zur Tanzfläche, verneigt sich zur Allgemeinheit, während wir nun eine Damenkarte aus der Schale nehmen. Wir geben den Namen der Dame bekannt, der zuerst aufgerufene Herr fordert sie zum Tanz und stellt sich nun mit ihr, den Tanzbeginn erwartend, auf. Niemandem wird es langweilig werden, bis die Musik einsetzt, denn jeder möchte die übrigen Gäste kennenlernen.

43. Half and half

Für jeden Kreis

Beliebige Fotos, halbiert

Wir schneiden aus Zeitschriften Artikelbilder oder Fotos aus, kleben sie auf Karton, um ihnen mehr Halt zu geben, und legen die Hälften getrennt in Damen- und Herrenkörbchen.

Daraus ziehen unsere Gäste und suchen die andere »Hälfte«, um mit ihr zu tanzen. Untereinander ausgetauschte Bildhälften bringen zusätzlich Partnerwechsel.

44. Starbekanntschaft

Für kleinen oder mittleren Kreis

Fotos von weiblichen oder männlichen Filmstars, sowie die dazugehörenden Namenszettel, jeweils in der Anzahl der Damen oder Herren

Dieses Spiel bietet ebenso Damen- wie Herrenwahl. Wenn wir unsere Gäste empfangen, zieht jede Dame aus einem Körbchen das Foto eines weiblichen Stars. Die Herren entnehmen aus einem anderen Körbchen Zettel, auf denen die Namen derselben Stars aufgeschrieben sind. Wenn der Tanz beginnt, rufen die Herren entweder den Namen des Stars, den sie zogen, um ihre Partnerin zu ermitteln, oder die Damen können sich auch die Starfotos anstecken und werden so von ihren Partnern gefunden. Sollen die Damen wählen, verfahren wir umgekehrt mit den Fotos der männlichen Stars, indem die Namen der Star-Herren von den Damen gerufen werden oder die Herren sich die Fotos anstecken und von ihren Partnerinnen ermittelt werden.

Möglich ist auch, daß jeder – Dame oder Herr – zu Beginn ein Foto zieht, die Damen also dann die männlichen Starfotos, die Herren die weiblichen Starfotos. In diesem Fall jedoch müssen auf der Rückseite jeweils die zugehörenden Stars vermerkt sein, damit sich die Paare finden können.

45. Märchentanz

Für kleinen oder mittleren Kreis

Kärtchen oder Bilder mit zusammengehörenden Märchenfiguren

Die Bilder werden getrennt in Damen- und Herrenkörbchen bereitgehalten, von unseren Damen und Herren gezogen und sichtbar am Kleid beziehungsweise am Jackett angesteckt.

Dann lassen wir unsere Gäste wie beim »Marschwalzer« Nr. 59 um den Raum promenieren, Damen und Herren in entgegengesetzter Richtung, wenn die Musik bereits spielt. Diejenigen Partner, die nun im Vorübergehen ihre »Ergänzung« gefunden haben, verlassen das Oval und tanzen miteinander innen im freien Raum fort. Bald haben alle ihre zusammengehörenden Märchenfiguren entdeckt, das Oval löst sich auf, alles tanzt. Wollen wir einen laufenden Partnerwechsel veranstalten, brechen wir den Tanz öfter ab. – Die Damen sammeln sich an dem einen, die Herren am anderen Saalende, die Märchenfiguren werden ausgetauscht, das große Oval formiert sich wieder, man zieht aneinander vorbei und schaut, wen man als Partner bekommen hat. *Beispiele:* Schneeweißchen und Rosenrot, Brüderchen und Schwesterchen, Has und Swinegel, Prinzessin und Froschkönig, Goldmarie und Pechmarie, Tauben und Aschenputtel, Kater und Stiefel usw.

46. Opernhelden

Für kleinen oder mittleren Kreis

Kärtchen in zwei verschiedenen Farben, rot für die Damen, blau für die Herren

Die Karten sind mit zusammengehörenden Namen bekannter Opernfiguren beschrieben, z. B. auf der Damenkarte »Isolde«, auf der Herrenkarte »Tristan«. Die Partnerwahl erfolgt wie beim »Märchentanz« Nr. 45. Interessant läßt dieses Spiel sich auch gestalten, wenn nur einer der beiden Partner seine Opernfigur nennt und derjenige mit ihm tanzt, der zuerst die dazugehörende Ergänzung gerufen hat.

47. Die bunten Fahnen

Für jede Veranstaltung

Papierfähnchen in zwei verschiedenen Farben und Körbchen

Im Gänsemarsch ziehen die Damen rechts, die Herren links an den Saalseiten entlang und erhalten aus dem Damen- oder Herrenkorb je eine Fahne. Darauf sind Motive abgebildet wie: Tiere, Schiff, Auto, Tasse, Hut, Stuhl, Besen, Ballon, Löffel usw. Beim ersten Tanz suchen sich die Partner mit dem gleichen Motiv. Dann wird nach Kommando gewechselt: »Stühle tanzen mit Tassen«, oder: »Löffel tanzen mit Hüten.«

48. Figurenwahl

Für kleinen oder mittleren Kreis

Auf weißem Karton aufgezeichnete Figuren, ähnlich wie oben, Tiere, Herzen, Würfel, Blumen, Flaschen, Bälle usw.

Wir zeichnen die Figuren auf weißen Karton und schneiden dann jede Karte mittendurch. Die Hälften kommen getrennt in Damen- und

Herrenkörbchen. Daraus werden sie von den Tänzern gewählt, und so finden sich die Paare für den ersten Tanz. Während dieses Tanzens können nun alle entweder ihre Karte im Vorbeitanzen einer anderen Dame beziehungsweise einem anderen Herrn geben, wodurch sich für den nächsten Tanz wieder andere Paare zusammenfinden, oder aber wir sammeln während des Tanzes die Karten wieder ein und lassen aus den Körbchen für den kommenden Tanz neue Hälften ziehen.
Dieses Spiel läßt sich auch auf eine andere »Nonstopweise« durchführen: Die Körbchen stehen an einem festen Platz, die Dame und der Herr wählen für die erste Tour, suchen sich, tanzen an den Körbchen vorbei und werfen ihre Figuren wieder in die Körbchen, indem sie sich andere wählen und die neuen Partner dazu suchen.
Sollen sich die Paare verringern, entnehmen wir nach und nach heimlich zwei zusammengehörende Karten aus den Körbchen. So bleibt jeweils ein Paar übrig und muß ausscheiden.

49. Trachtentanz

An Stelle der obengenannten Motive wählen wir Trachtenbilder, jedes in Damen- oder Herrentracht

Das Spiel selbst veranstalten wir genauso wie »Die bunten Fahnen« oder »Figurenwahl«, Nr. 47 und 48.

50. Blinde Liebe

Für kleinen oder mittleren Kreis

Eine Augenbinde

Alle Paare tanzen, außer einer Dame, die keinen Partner hat. Ihr werden die Augen verbunden, und sie greift sich aus den Vorbeitanzenden einen Herrn heraus. Dessen Dame muß nun die Augenbinde nehmen und sich einen neuen Partner ertasten. Wir passen auf, daß dies nicht unnötig erschwert wird, daß also die »entfliehenden« Paare nicht einen zu großen Abstand erreichen und die Dame ohne Partner zu lange suchen muß.
Nach »Halbzeit« drehen wir die Geschichte herum und verbinden den Herren die Augen.

Wenn die Anwesenden sich kennen, können wir die Partnerwahl auch davon abhängig machen, ob die Dame den Herrn erkennt, den sie ergriffen hat. Im andern Fall muß sie weitersuchen.

51. Zahlentanz

Für kleinen oder mittleren Kreis

Gelochte Kärtchen, Fäden zum Umhängen, gelb in der Anzahl der Damen, blau in der Anzahl der Herren

Vielfach können wir den Partnerwechsel mit diesem Spiel kombinieren. Als Vorbereitung müssen wir alle Kärtchen lochen und mit einem Faden zum Umhängen versehen. Dann schreiben wir eine Liste mit einer größeren Anzahl *zweistelliger* Zahlen und nehmen die Karten zur Hand, jede Farbe für sich. Entsprechend unseren Listenzahlen schreiben wir nun diese geteilt auf je eine gelbe und eine blaue Karte, z. B. auf der Liste steht: 29. So kommt auf die gelbe Karte eine 2, auf die blaue Karte eine 9. Ist die Zahl 41, so trägt die gelbe Karte 4, die blaue 1. In dieser Art verteilen wir unsere Listenzahlen auf die Karten. Nun hängen wir jedem Herrn eine blaue Zahlenkarte und jeder Dame eine gelbe Zahlenkarte um. – So können wir vielfach austauschen. Wir rufen die Zahl: 36. Dame 3 wird von Herrn 6 aufgefordert. Oder: 58! Dame 5 tanzt mit Herrn 8. Aber unseren Damen und Herren stehen noch andere Möglichkeiten offen, denn unsere Zahlenliste läßt sich nicht nur von rechts nach links, sondern auch von oben nach unten lesen.

52. Tanzrommé

Für kleinen Kreis

Rommékarten

Je nach der Zahl der Gäste benutzen wir ein ganzes Rommèspiel oder nur einen Teil davon. Es liefert uns jedenfalls die zusammengehörenden Zwillingskarten, die wir auf die Paare verteilen. Verdeckt halten wir unseren Damen und Herren die Karten hin und lassen ziehen. Bube tanzt dann mit einem Buben, Dame und Dame gehören zusammen und so weiter.

53. Farbenspiel

Für kleinen oder mittleren Kreis

Buntpapier, Stecknadeln

Aus dem Buntpapier fertigen wir Schleifen, Ringe, Vierecke, Scheiben, Dreiecke usw. an. Es müssen immer zwei Stück von derselben Farbe und Form vorhanden sein. Das eine Exemplar kommt ins Damen-, das andere ins Herrenkörbchen. Unsere Gäste ziehen aus »ihrem« Körbchen ein Zeichen, stecken es an und beginnen frei wählend zu tanzen. Dann steigt eifriger Partnerwechsel nach unserem Kommando: »Rote Ringe mit weißem Dreieck!« oder »Gelbe Schleifen mit grünen Ringen!«, »Blaue Scheiben mit braunem Viereck!« Es gibt viele Kombinationsmöglichkeiten.

54. Herzentanz

Für kleinen oder mittleren Kreis

Auf Pappe geklebte Glanzpapierherzen in verschiedenen Farben

In der Anzahl unserer Gäste fertigen wir Glanzpapierherzen in verschiedenen Farben an, zerschneiden sie aber so geschickt, daß ein blaues »Oberherz« auch zu einem andersfarbigen »Unterherz« passen kann. Die ersteren verteilen wir an die Damen, die zweiten an die Herren. Nun können wir starten. Es heißt: »Bitte – die Herzen finden sich!« So tanzen diejenigen zusammen, deren Herzen gleicher Farbe und ergänzender Form sind. Aber nun rufen wir: »Blaues Oberherz – gelbes Unterherz!« und so weiter.

55. Partnerautomat

Für kleinen oder mittleren Kreis

Wolldecke, Pappe, Blechbüchsen, allerhand Krimskrams zum Verkleiden

Unser Automat befindet sich im Durchgang zum Nebenraum. Wir verhängen den Türrahmen zu einer Längshälfte mit einer Wolldecke, die wir oben und seitlich am Türpfosten festzwecken. Die andere Längshälfte verschalen wir mit Pappe und schneiden etwa in Handhöhe zwei »Briefkastenschlitze« ein. Unmittelbar hinter ihnen, also im Nebenraum, stehen dicht an der Pappwand zwei Konservenbüchsen. Sie sollen die Geldstücke aufnehmen, die für den Kauf eines Partners durch die Schlitze geworfen werden. Über die Schlitze haben wir geschrieben: »Girls« – »Boys« oder »Ladies« – »Gentlemen« oder einfach »Sie« »Er«. Ganz groß schreiben wir auf die Pappe »Partnerautomat – die Überraschung für 50 Pfennig!«

Dadurch können wir also etwas für unsere schwache Clubkasse tun, denn der Partnerautomat verschafft Kapital!

Der Nebenraum ist nochmals unterlteilt in eine Damen- und eine Herrenabteilung. Hier kann man sich kostümieren. Und nun klappert es auch schon in der Damenabteilung. Ein Herr möchte eine Partnerin erstehen und hat 50 Pfennig dafür geopfert. Nun hebt sich die Wolldecke, die Dame erscheint. Und *wie* sie erscheint! Zum Beispiel als Vamp oder als Marlene, als Hexe, als Lieschen vom Lande. Es gibt genug Verkleidungen, die Gelächter auslösen.
Natürlich möchten auch unsere Damen den Automaten ausprobieren. Sie werfen Geld ein, und die Herren stehen an lustigen Kostümen keineswegs nach: in alten Gehröcken, Vatermördern, Zwirbelbärten, als Gangster, Cowboy, Sträfling und was noch alles möglich ist.
Besonderes Vergnügen ernten wir, wenn wir statt einer Dame einen Besen, Ausklopfer oder ähnliches erscheinen lassen!

56. Bändertanz

Für kleinen Kreis

Bunte Bänder, jeweils zwei Stück in gleicher Farbe, Nadeln zum Anstecken

Damen- und Herrenkörbchen enthalten die gleichen Bänder, die angesteckt werden. Unser Kommando – wie beim Spiel »Die bunten Fahnen« Nr. 47 – bringt den Partnerwechsel.

57. Die Präsentbox

Für große Feste

Große Anzahl kleiner Geschenke

Eine vergnügliche Finanzierung des Festes ist der Tanz um die Präsentbox bei großen Veranstaltungen. Zwar müssen wir eine Menge kleiner Geschenke zur Hand haben, aber die sammeln wir schon lange vorher bei Mitgliedern, Gönnern und Freunden für diesen Zweck. Wenn der große Tag da ist, liegen die Päckchen nett verpackt in einem Korb hinter der Szenerie. Haben wir keine Türfüllung wie beim »Partnerautomaten« Nr. 55, so bauen wir die Box mit Hilfe von spanischen Wänden vor der Bühne oder in einer Ecke des Saales auf. Die Wände geben Abschirmung gegen Sicht, zwischen den Wänden montieren wir eine Pappe mit den vorher genannten Schlitzen für den

Geldeinwurf. Den Platz hinter den spanischen Wänden teilen wir ebenfalls in Damen- und Herrenabteilung. Jedoch brauchen unsere mitwirkenden Gäste nicht kostümiert zu sein.
Wenn eine Dame Geld einwirft, kommt ihr Partner hinter der Wand hervor und überreicht ihr ein kleines Geschenk, bevor das Paar davontanzt. Auch ein Herr wird von der »gekauften« Dame mit einem Präsentchen bedacht.
Es können immer wieder andere Partner und Damen bereitstehen, so lange, wie unser Geschenkvorrat ausreicht. Viel Spaß gibt es, wenn Juxpäckchen überreicht werden, die vorher gekennzeichnet sein müssen. Dann geben wir der Kapelle einen Wink, sie unterbricht, und die Empfänger müssen vor aller Augen das Juxpäckchen öffnen. Ein speziell ausgedachter Scherz ruft bestimmt großes Gelächter hervor.

58. Horoskopfreunde

Für mittleren Kreis

Entweder gekaufte oder aus Zeitschriften ausgeschnittene, auf Pappe aufgeklebte Horoskopanhänger

Wir stecken unseren Gästen das Bild ihres Tierkreiszeichens an. Nach einigen Tänzen mit Paaren desselben Sternbildes wird nun häufig gewechselt: »Fische tanzen mit Stieren« oder »Löwen stürzen sich auf Jungfrauen«, »Skorpione zwicken Wassermänner« und so weiter.

Partnerwechsel

59. Marschwalzer

Für einen großen Kreis

Kaum ein anderes Tanzspiel ist so geeignet, die Stimmung zu lockern, immer wieder andere Partner zusammenzuführen, wie der Marschwalzer. Seinem Namen gemäß setzt er sich aus Marsch- und Walzermusik zusammen. Der erste – gelaufene – Teil verlangt den Marsch, der zweite – getanzte – Teil den Walzer. Das Spiel kann auf verschiedene Arten begonnen werden.

a) Wir fordern die Damen auf, etwa in Saalmitte ein Oval zu bilden und im Gänsemarsch zu laufen. Die Herren tun dasselbe in entgegengesetzter Richtung. Während unsere Gäste sich so formieren, spielt die Marschmusik an. Wir schauen zu, daß niemand sitzen bleibt, denn je höher die Teilnahme, desto mehr Spaß gibt es. Nun wechseln Marsch- und Walzermusik. Jedesmal, wenn Walzer einsetzt, bleiben die Herren vor den Damen stehen, die eben bei ihnen ankamen, tanzen mit ihnen, bis wieder Marschmusik ertönt – dann verabschieden sie sich, ordnen sich in das Herren- bzw. Damen-Oval ein und marschieren, bis mit dem nächsten Walzer der neue Zufallspartner kommt.

b) Nach Aufforderung zum »Marschwalzer« engagieren die Herren die Damen am Sitzplatz und führen sie zur Tanzfläche. Dabei beginnt die Marschmusik. Haben sich genügend Paare zum großen Oval versammelt, heißt es: »Halt – die Herren kehrt!« Nun ziehen die beiden Ovale in entgegengesetzter Richtung um die Tanzfläche, bis der Walzer einsetzt. Alles Weitere wie oben.

c) Wo ausgesprochener Stimmungsmangel oder Schüchternheit herrscht, empfiehlt sich ein anderer Start. Wir lassen alle tanzen, gebieten fröhlich »Stopp!« und formieren rasch die Teilnehmer zu den beiden Ovalen. Einige Damen und Herren werden unsere Helfer noch ermuntern müssen, damit auch die Zurückgebliebenen sich einreihen. Während des Marsches finden wir Gelegenheit zu *Sonderspäßen:*

1. Alle klatschen zum Marschrhythmus in die Hände.
2. Man legt die Hände auf die Schultern des Vordermanns.
3. Die Damen laufen rückwärts.
4. Die Damen hüpfen auf einem Bein.
5. Die Herren hüpfen auf einem Bein.
6. Die Herren hüpfen in der Hocke.

60. Abklatschen

Für größeren Kreis

Ab und zu geschieht es, daß Damen oder Herren in der Überzahl sind. Meist sitzen die Überzähligen etwas gelangweilt herum. Da ist Abhilfe nötig, denn auf unseren Festen soll es jedem gefallen. So heißt es: »Die folgenden Touren sind Abklatschtänze!« Das bedeutet, daß jeder – Dame oder Herr, wer eben ohne Partner ist – sich von den tanzenden Paaren die »andere Hälfte« wegklatschen darf. Es wird an das betreffende Paar herangetreten und in die Hände geklatscht. Der verlangte Partner muß einwilligen. Der Zurückgelassene braucht deswegen nicht zu weinen, denn nun steht ihm die Möglichkeit offen, seinerseits abzuklatschen. Unzulässig ist allerdings, ein Paar sofort wieder zu trennen, wenn es kaum den Tanz begann.

61. Wechselrheinländer vor und zurück (offener Rheinländer)

Für großen Kreis geübter Tänzer

Alle Paare formieren sich auf der Tanzfläche zu einem Kreis. Ist dieser geschlossen, bleiben die Paare stehen. Die Musik spielt den Rheinländer, wir geben den Einsatz, damit alle gemeinsam beginnen; das ist wichtig, damit der Wechsel einwandfrei klappt. Den Einsatz vermitteln wir, indem wir anzählen: »3 und 4 und jetzt!« Das »jetzt« ist also der 1. Taktschlag, mit ihm setzen die Paare zum offenen Rheinländer an: Zuerst auseinander (1 und 2 und), dann wieder zusammen (3 und 4 und), nun die übliche Tanzhaltung und die gemeinsamen Drehungen (1 und 2 und 3 und 4).

Aber jetzt wird die Sache anders: Der Herr tanzt die offenen Tanzschritte (1 und 2 und) *nicht* wie vorher auf die Saalmitte ausgerichtet und zur eigenen Partnerin zurück, sondern *schräg* nach vorn (linke Schulter etwas vorschieben) und weiterhin die andere Hälfte seiner offenen Tanzschritte (3 und 4 und) *schräg* nach rechts vorn (rechte Schulter vorschieben). Damit gelangt er sozusagen in einem offenen Zickzackschritt zur nächsten Dame vor ihm. Mit ihr tanzt er jetzt in Tanzhaltung die zu seinem »Zickzack« gehörenden Drehungen.
Die Damen dagegen tanzen den Rheinländer wie vorher. Sie erwarten den neuen, von hinten herankommenden Partner, um mit ihm jedesmal die Drehungen zu tanzen.

Wollen wir noch mehr Leben in unser Rheinländertanzspiel bringen, ordnen wir an: »Die Herren – vor!« oder »Die Herren – zurück!« Dann müssen die Herren ihre offenen Zickzackschritte entweder zur Dame nach vorn oder zur Dame nach hinten tanzen. Der Wechselrheinländer eignet sich gut für jüngeres und älteres Publikum, weil gerade die mittleren Jahrgänge diesen Tanz sicher beherrschen.

62. Damenraub

Für größeren Kreis

Hier gibt es viel Bewegung und Spaß, hier erkennt man die »Fixen«. Das Spiel kann entweder unter Verwendung des Wechselrheinländers oder auch mit beliebig anderer Musik veranstaltet werden. Statt des regulären Wechsels im Rheinländer von Dame zu Dame wird kommandiert: »Damenraub!« Die Damen tanzen wie bisher, aber die Herren suchen schnell eine neue Partnerin – quer durch die Fläche –, wobei sie ihre Zickzackschritte überdimensional ausdehnen müssen, um die Gesuchte tanzend zu erreichen. Manchmal steuern zwei Herren die gleiche Dame an, einer kommt zu spät und muß schleunigst ein neues Ziel »anpeilen«.

Benutzen wir andere Tanzmusik, so lassen wir sie unterbrechen. Kommando »Damenraub«, das bringt fröhliches Durcheinander. Die Damen erwarten am Ort den neuen Partner, indem sie kleine Pendelschritte tanzen. Die Herren flitzen auf Eroberung. Unmittelbar nach unserem Kommando setzt die Musik wieder ein.

63. Lassotanz

Für mittleren oder großen Kreis

Gerten mit Drahtschlingen für die Damen

Unsere Damen versuchen – während sie mit einem Partner tanzen –, sich den nächsten Partner mit Hilfe der Drahtschlinge einzufangen. Die Schlinge muß sich an den gefaßten Händen eines vorbeitanzenden Paares fangen. Gelingt es, muß der betreffende Partner auswechseln. Bei diesem Spiel braucht die Musik nicht zu unterbrechen.

64. Boogiewechsel

Für kleinen oder mittleren Kreis und geübter Paare

Die Paare stellen sich in einem großen Kreis auf. Musik: ein lebhafter Boogie.

Jedes Paar tanzt zuerst gemeinsam eine vollständige Boogiefigur, also: 1. Grundschritt »Platz-Platz-rück-vor«, 2. Dame dreht, während Herr nochmals am Ort den Grundschritt ausführt. »Eins-zwei-rück-vor«, 3. Dame kommt zum Herrn zurück, während der Herr wiederum den Grundschritt tanzt, »Ein-zwei-rück-vor«.
Bei der nächsten Boogiefigur aber tanzt das Paar *nur* den Grundschritt 1 noch zusammen, dann dreht die Dame in doppeltem Tempo glatte Drehungen zum nächsten Partner des großen Kreises und tanzt mit ihm die Ergänzungen der Boogiefigur, also Phasen 2 und 3.
Die Herren tanzen stets den normalen Boogie, so daß nur die Damen in der zweiten Figurenhälfte weiterrücken.

65. Bluesgirlande

Für kleineren oder mittleren Kreis

Die Paare tanzen in losem Kreis, doch dicht genug, um die Damen wandern zu lassen.

Das Paar tanzt gemeinsam Blues: pendeln – pendeln – laufen, nun Dame: pendeln – pendeln mit dem eigenen Herrn und jetzt: Drehung zum nächsten Herrn, während der vorhergehende Partner tanzt: pendeln – pendeln – stopp – am Ort. Bei diesem »Stopp-am-Ort« kommt die nächste Dame mit einer Drehung zu ihm heran. Nun tanzen diese

zusammen wieder: pendeln – pendeln – laufen und pendeln – pendeln, aber jetzt wieder Dame: Weiterdrehung zum nächsten Partner, Herr: stopp – am Ort, um die neue Dame zu erwarten.

66. Der offene Walzerkreis

Für mittleren oder größeren Kreis geübter Tänzer

Paarweise in einem Abstand von etwa einem Meter wird Rechtswalzer getanzt. Nach zwei vollen Drehungen – 6 Zählpunkten – lösen sich die Partner. Die Dame tanzt eine weitere Walzerrechtsdrehung in der gleichen Richtung wie vorher. Damit gelangt sie zum nächsten Partner. Der Herr jedoch führt eine Drehung nach links aus, kommt so zurück und erwartet, am Ort pendelnd, die zu ihm mit Rechtswalzer herantanzende nächste Dame. Mit ihr führt er wieder zwei volle Rechtswalzerdrehungen aus, löst sich, tanzt eine Linksdrehung zurück, die neue Dame erwartend, und so weiter.

67. Policegirls

Für mittleren Kreis

Während des allgemeinen Tanzes lassen wir die Musik abbrechen. Auf unser Kommando bilden jeweils soviel Herren, wie wir rufen, kleine Kreise, zum Beispiel: 4! oder 6! oder 3! In dieser Anzahl müssen sich die Herren schnell unterhaken. Nun müssen ebenso viele Damen rasch hinzutreten, jede legt dem Partner, den sie sich wählt, die rechte Hand auf die Schulter. Er ist für den kommenden Tanz »verhaftet«. Ist eine Dame nicht schnell genug und hat noch keinen Partner mit Beschlag belegt, bis die Musik wieder einsetzt, so scheidet sie aus. Damit muß auch ein Herr ausscheiden, der in einem der Kreise zuviel war. Das Spiel kann natürlich auch in umgekehrter Wahl getanzt werden.

68. Die bunten Stühle

Für größeren Kreis

Laternenstöcke, bunte Kreppapierstreifen

Wir stellen die Stühle an den beiden Längsseiten des Saales so auf wie beim Spiel »Rettendes Ufer« Nr. 12. An jedem Stuhl binden wir einen Laternenstab fest, der einen Kreppapierstreifen trägt. Auf beiden Seiten müssen die gleichen Farben ergänzend vorhanden sein. Bei Musikstopp nehmen die Damen auf der einen, die Herren auf der anderen Seite Platz. Die neuen Paare finden sich durch die Farbe des Stuhles, den sie erwischt haben. Beliebig oft ergibt sich auf diese Weise Partnerwechsel.

Geschenke für unsere Gäste

69. Tanzroulett

Für jeden Kreis

Preise je nach Zahl der Teilnehmerpaare, Schulkreide, Kärtchen mit den Roulettnummern und Zettel mit den Geschenknummern. Kärtchen mit denselben Geschenknummern

Vorbereitungen:

Jedes der eingeladenen Paare bringt ein kleines Geschenk mit, und zwar solche, die sich ebenso für eine Dame wie auch für einen Herrn eignen. Sie sollen nett und einzeln verpackt sein, denn am Festabend bleibt uns keine Zeit mehr, das vorzunehmen. Außerdem sieht alles viel hübscher aus, wenn wir sie – zur allgemeinen Besichtigung – vor Tanzbeginn auf einer Tafel aufbauen. – Natürlich können wir die Geschenkchen auch schon länger vorher sammeln.

In der Anzahl der Geschenke halten wir bereit:

1. Kleine Zettel und Stecknadeln, um jedes Geschenk mit einer Nummer zu versehen.
2. Nummern der Geschenke, auf Kärtchen geschrieben und in einem Körbchen oder Weinkühler aufbewahrt.
3. Karten mit den Roulettnummern, dieselben, die in die Kreidekreise auf der Tanzfläche geschrieben werden.

Wenn wir vor Festbeginn die reichhaltige Geschenktafel aufbauen, freuen sich unsere Gäste schon während des ganzen Abends auf dieses Tanzspiel. Gern lassen wir sie noch etwas zappeln, damit Neugier und Beteiligung um so größer werden.

Wenn dann ein Tusch unserer Ankündigung Ruhe verschafft, zeichnen gleichzeitig unsere Helfer Kreidekreise auf die Tanzfläche. Es müssen halb soviel Kreise wie Paare sein. Dicke Linien ziehen, damit sie nicht allzu rasch wieder verwischt werden – notfalls während des Spiels nachziehen! In die Kreise schreiben unsere Helfer die gleichen Nummern, wie sie auf den »Roulettkarten« stehen, die in einem Kasten bereitliegen.

Unsere Paare tanzen, die Musik bricht ab – ein Herr zieht aus unserem Kasten eine Nummer und ruft sie auf. Die Paare haben beim Musikstopp sofort versucht, einen Nummernkreis zu besetzen.

Die gezogene Nummer gewinnt, das Paar kommt zur Geschenktafel. Die Musik spielt weiter.

Am Geschenktisch zieht das Paar nun aus einem Körbchen eine Nummer und sucht sich das entsprechende Päckchen aus. So vermeiden wir jede Bevorzugung, der Zufall entscheidet, welches Geschenk das Paar erhält. Danach scheidet es aus, oder es bekommt ein rotes Band umgehängt zum Zeichen, daß es keinen Geschenkanspruch mehr hat, also beim Musikstopp keinen Nummernkreis mehr besetzen darf.
Das Tanzroulett wird fortgesetzt, bis alle Preise ertanzt wurden.
Es empfiehlt sich, zusätzliche Nummernschildchen bereitzuhalten, da oftmals noch Geschenkchen nachgeliefert werden.

70. Lotterietanz

Für jeden Kreis

Geschenkvorbereitungen wie beim vorhergehenden Tanzroulett. Nummernzettel für die Preise, Auswahlkärtchen mit denselben Nummern, Lotterienummern zum Anstecken, Postkarten mit denselben Nummern

Dieses Tanzspiel läuft ab wie Nr. 69, jedoch werden keine Kreidekreise auf der Tanzfläche gezogen.
Statt dessen erhalten unsere Paare Nummern, die sie anstecken. Die gleichen Nummern sind auf Postkarten geschrieben, mit denen unsere Helfer durch die Tischreihen gehen.
Helfer A hat z. B. auf seinen Karten die Nummern 1–6, Helfer B die Nummern 7–13, Helfer C 14–20 usw., je nach Anzahl unserer Gäste.

Wir setzen unsere Helfer karreemäßig ein. Helfer A beginnt – die Musik bricht auf unser Zeichen ab. Helfer A läßt in seinem Saalkarree an irgendeinem Tisch eine seiner verdeckt hingehaltenen Karten ziehen. Dann ruft er die gezogene Nummer aus.
Das Paar, das diese Nummer angesteckt hat, kommt zum Geschenktisch, zieht eine Auswahlnummer und findet mit deren Hilfe seinen Preis, der die gleiche Nummer trägt. Es scheidet aus.

Beim nächsten Musikstopp läßt Helfer B in seinem Karree ziehen, ruft das betreffende Paar usw. Dann folgt Helfer C, dann wieder Helfer A und so fort.
So geht es reihum, bis alle Geschenke untergebracht sind.

71. Würstchen an der Leine

Für kleinen oder mittleren Kreis

Eine lange Leine, Kartonstreifen und Frankfurter oder Wiener Würstchen

Bei diesem Spiel gibt es »warme Würstchen« zu gewinnen. Vielleicht spürt mancher gleich Appetit, wenn wir dieses Tanzspiel ansagen.
Von einem erhöhten Punkt aus spannen wir eine Leine über die Tanzfläche. An ihr hängen Kartonstreifen – es sind Gutscheine für ein Paar Würstchen. Wer – ohne den Tanz zu unterbrechen – einen Gutschein erwischt und abreißt, kann sich stärken.
Allerdings ist das bei der lebhaft tanzenden Leine nicht ganz einfach. Die »Abgefütterten« scheiden aus.

72. Spendentanz

(Soll und Haben)

Für jede Veranstaltung

Kleingeschenke in großer Anzahl, Kartonstreifen, Auswahlnummernzettel, Geschenknummern und Nadeln zum Anstecken

Das ist eine gewiß willkommene Stärkung unserer Vereinskasse! Zwar müssen wir vorher eine Anzahl kleiner Geschenke anschaffen, aber wir haben sie schon lange gesammelt und bereichern sie nur noch kurz vor dem Fest mit interessanten »Lockmitteln«.

Die Kartonstreifen beschriften wir mit »Soll« und mit »Haben«, und zwar zu je 50 Prozent. Gut gemischt warten sie in einem Körbchen darauf, gezogen zu werden.
Wir beachten, daß alle Kärtchen mit der *unbeschrifteten* Seite nach oben im Körbchen liegen!
Nun lassen wir tanzen, die Musik abbrechen und lassen eines unserer Paare einen Kartonstreifen ziehen. Hat es »Haben« erwischt, so darf es am Spendentisch eine Auswahlnummer ziehen und das entsprechend numerierte Geschenk erhalten. Es scheidet dann aus.
Zieht ein Paar dagegen »Soll«, muß es erst in die Tasche greifen, um seine Auswahlnummer zu bezahlen. Dann erst wird ihm das Geschenk ausgehändigt.
Erst wenn der Gabentisch leer ist, endet unser Spendentanz.

Scherzspiele

73. Papierbalance

Für kleinen oder mittleren Kreis

Material: für jede teilnehmende Person 2 DIN A 4-Bogen

Vier Teilnehmer stellen sich in eine Reihe auf. Jede Person nimmt in die rechte und in die linke Hand jeweils einen DIN A 4-Bogen. Dann kann's losgehen!

Ein Bogen wird auf den Boden gelegt, man stellt seinen Fuß darauf, legt den anderen Bogen genau davor, stellt den anderen Fuß darauf. Dann den zurückliegenden und jetzt freien Bogen aufnehmen, wieder vor den anderen Bogen legen, den jetzt freien Fuß daraufstellen usw. Wer zuerst am Ziel angelangt ist, hat gewonnen.

Wie der einzelne die Bewegungen ausführt, ist gleich, nur muß darauf geachtet werden, daß die einzelnen Bogen jeweils genau voreinander liegen und nicht evtl. einen Abstand von 10–20 cm oder noch mehr haben. Dieses Spiel läßt sich mit verschiedenen Parteien ausspielen, um die Sieger der einzelnen Gruppen zu ermitteln, und diese tragen dann den Wettstreit nochmals untereinander aus. Der Endsieger wird mit einem Tusch geehrt.

74. Die Zeitung

Für kleinen oder mittleren Kreis

Material: dicke Sonntagsausgaben einer Zeitung, Stoppuhr

Die Zeitung muß vorher in Unordnung gebracht werden, das heißt, die Seiten müssen durcheinander, eventuell sogar verkehrt liegen. Spielregel:

Die Teilnehmer müssen so schnell wie möglich die einzelnen Seiten der Zeitung der richtigen Numerierung nach sortieren.

Dabei ist erlaubt, daß die Zeitung auseinandergenommen wird, daß zwei aneinanderhängende Seiten auseinandergerissen werden, daß die Zeitungsblätter auf den Boden gelegt werden usw.

Wer am schnellsten die Zeitung wieder geordnet hat, bekommt dafür einen kleinen Preis.

75. Je-ka-mi (Jeder kann mitmachen)

Beliebt ist das kleine »Cabaret«, bei dem jeder mitmachen kann. Wir kündigen unser Vorhaben bereits in der Einladung an, so daß sich jeder darauf vorbereiten kann. Ob es nun Vorträge, Tänze, Schnellmaler, Akrobaten oder Zauberkünstler sind, immer werden unsere Dilettanten Erfolg ernten, zumal wenn wir sie mit einer netten Rede einführen wie ein richtiger Conférencier. Es sind nach unserer Darstellung natürlich alles weltbekannte, gefeierte Künstler! Je lustiger die Einführung, desto größer der Erfolg!

76. Stuhlpolonäse

Für jeden Kreis

Stühle werden versetzt aneinandergestellt, also jeweils eine Lehne zur Raummitte, eine zur Wand und so weiter. Es muß jedoch ein Stuhl weniger als Teilnehmer sein. Bei Marschmusik umwandern wir die Stuhlreihe. Wird die Musik abgebrochen, muß sich jeder sofort setzen. Verboten ist es jedoch, rasch einen Stuhl zu sich herumzudrehen. Vielmehr muß man schnell einen noch freien Stuhl zu erreichen suchen. Auch überklettern ist nicht erlaubt, falls jemand das Pech hat, gerade hinter einer Lehne zu stehen. Sobald die Musik wieder einsetzt, wird ein Stuhl entfernt, einmal am oberen, einmal am unteren Ende der Reihe. So bleibt immer ein Teilnehmer ohne Stuhl, bis nur noch zwei Kampfhähne einen einzigen Stuhl umkreisen. Besonderen Spaß macht die musikalische Neckerei, wenn ein Ton lauter angeschlagen wird: Jeder glaubt, sich setzen zu können, die Musik spielt aber dann doch noch weiter!

Die Stuhlpolonäse kann entweder lebhafter nur für Herren veranstaltet werden oder gemäßigter in gemischter Weise für Damen und Herren. Bei der letzteren Art gibt es auch wieder eine hübsche Abwechslung, indem bei Musikabbruch jeweils ein Kommando »Damen« oder »Herren« die Erlaubnis erteilt, wer sich zuerst setzen darf.

77. Letzter Modeschrei

Kleiner oder mittlerer Kreis

Wir besorgen mehrere Rollen buntes Dekorationskreppapier und allerlei billiges Zubehör wie Klipse, Gürtel, bunte Nadeln usw. Dazu halten wir eine große Menge Sicherheitsnadeln, Bindfaden usw. bereit

Eine lustige Angelegenheit für Teenagerpartys. Unsere jungen Damen sollen sich als Modeschöpfer betätigen, und die jungen Herren sollen die Modelle »Letzter Modeschrei« beurteilen und prämiieren. Natürlich können wir auch die jungen Damen schon bei der Einladung mit der Sensation dieser Modenschau bekannt machen, so daß vielleicht manche einige raffinierte Details dazu mitbringt.

Es gibt viel Gelächter, wenn die eleganten Kreationen aus Kreppapier entstehen und, mannequingerecht vorgeführt, von den Herren glossiert und getestet werden. Die Siegerin erhält einen Preis nach Wahl: Schallplatte, Kino- oder Theaterkarte, Wahl ihrer Partner für den ganzen Abend im voraus und so weiter.

78. Fröhliche Gehirngymnastik

Für jeden Kreis

Material: Notizzettel und Bleistifte in der Teilnehmeranzahl

Nicht immer wollen alle unsere Gäste das Tanzbein schwingen, vielleicht sind auch einmal gemütliche ältere Semester darunter, die dafür ein großes Fuder Geist mitbrachten. Von dem soll unsere nächste Quizunterhaltung profitieren.

Wir verteilen genügend Zettel und Stifte an jedem Tisch. Dann verkünden wir unter Numerierung die Preisfragen, z. B. Nr. 1: Was ist eine Pagode? Nr. 2: Welche Farbe hat die und die Briefmarke, und wer ist darauf zu sehen?

Unsere Gäste brauchen nur die Nummer zu schreiben und dahinter die Antwort auf die betreffende Frage.

Dann sammeln wir die Zettel ein, bitten einen Unparteiischen, die richtigen Antworten auszuwählen oder, wenn kein Zettel alles richtig aufweist, wenigstens die annähernd richtigen. Preise winken den Klugen.

79. Flaschenfangen

Für jeden Kreis

Material: 4 schlanke Weinflaschen, 4 Laternenholzstäbe, daran ca. 4 bis 5 lange Perlgarnfäden, an jedem unten ein Metallring, der knapp über den Flaschenhals paßt

Eine gemischte Mannschaft beginnt. 2 Damen und 2 Herren nehmen je einen Stab in die rechte Hand, halten ihn alle gleich hoch, etwa in Brusthöhe. Auf das Kommando: »Achtung, fertig, los!« versuchen sie, die Ringe über die Flaschenhälse zu bringen. Das geht nicht so ganz einfach; denn der Ring an dem Faden pendelt, rutscht am Flaschenglas ab usw. Man muß schon eine ruhige Hand und Geschick haben, um den Ring über den Flaschenhals zu bringen. Wer das aus der Mannschaft als erster fertigbringt, wird später mit den anderen Mannschaftssiegern in die Endrunde gehen und vielleicht einen Preis gewinnen.

80. Kartoffelspiel

Für kleinen oder mittleren Kreis

Material: 4–6 mittelgroße Teller, dto. Eßlöffel, pro Teller 4 mittelgroße Kartoffeln, gewaschen und getrocknet

Wir fragen, wer unter unseren Gästen landwirtschaftliche Kenntnisse hat. Neugier – Gelächter, wenn wir dann die Teller mit den Kartoffeln zeigen. Zuerst bitten wir 4 oder 5 Damen zu uns. Sie erhalten je 1 Teller mit den Kartoffeln (doch noch ohne Löffel). Sie müssen, so schnell sie es können, diese Kartoffeln »in die Furchen« legen, also schön in einer Reihe und in einem Abstand von etwa 1 m. Dann nehmen sie rasch den Löffel in die rechte Hand, den Teller in die linke, und nun heißt es, die ausgelegten Kartoffeln *nur* mit dem Löffel wieder aufzunehmen, auf den Teller zu legen und damit an den »Startplatz« zurückzukehren. Welche Dame zuerst die Aufgabe löst, ist aus dieser Mannschaft Siegerin. So probieren es alle Damen, dann die Herren. Die aus jeder Mannschaft ermittelten Damen kommen in die Elitemannschaft und treten gegen die Herrenelite an.

Die beiden Schnellsten aus beiden Gruppen ergeben das Siegerpaar und werden prämiiert.

Verboten ist, beim Aufnehmen der Kartoffeln Finger zu Hilfe zu nehmen, es darf nur mit dem Löffel geschehen. Empfehlenswert sind »Ordner«, die mit Argusaugen aufpassen!

81. Seifenduett

Für kleinen oder mittleren Kreis

Material: je zwei mittelgroße Schüsseln mit Seifenlauge, Strohhalme, Stoppuhr

Zwei Paare treten an, um ihre gute Lungenkraft zu beweisen und den höchsten Berg bunter Seifenblasen zu zaubern. Je ein Paar erhält eine mit Seifenlauge halb gefüllte Schüssel und zwei Strohhalme. Innerhalb einer ausgemachten Zeitspanne wachsen die bunten Seifenkugeln aus der Schüssel, je höher, desto schöner. Die guten Paare treten in die Ausscheidung, bis wir das allerbeste »Seifenduett« ermittelt haben.

82. Ballonjagd

Für kleinen oder mittleren Kreis

Material: Luftballons, Limonadenlöffel, Stecknadeln

Zu jedem Ballonträger gehört ein Jäger. Er tritt hinter dem Ballonträger an, um den Ballon mit Hilfe einer Stecknadel zu zerstechen, ehe der Träger seinen Ballon auf dem Limonadenlöffel, ohne Zuhilfenahme der zweiten Hand, wohlbehalten zur gegenüberliegenden Wand gebracht hat. Es darf nicht gerannt werden, sondern nur gelaufen. Der Träger wird natürlich geschickt ausweichen, wenn die Gefahr von rechts oder von links hinter ihm kommt. Dabei ist es nicht leicht, den Ballon auf dem Limonadenlöffel zu behalten. Es können sowohl die geschicktesten Träger als auch die beutereichsten Jäger mit Preisen bedacht werden.

83. Zwinkern

Für Kreis bis zu 30 Personen

Stuhl an Stuhl wird im Kreis so aufgestellt, daß einer dicht am andern steht und sich dadurch im Inneren ein freies Rund ergibt. Hinter jedem Stuhl stellt sich ein Herr auf – die Hände auf dem Rücken verschränkt. Auf den Stühlen sitzen die Damen, nur – ein Stuhl ist leer, sein Herr hat noch keine Partnerin. Er muß sie sich also »heranzwinkern«. Das gibt bereits Gelächter, denn auch Zwinkern will gekonnt sein. Die Dame, die er aufs Korn nimmt, die sein Zwinkern versteht, muß rasch der Aufforderung folgen und den leeren Stuhl einnehmen. Aber das ist nicht einfach, denn der eigene, hinter dem Stuhl stehende Herr paßt scharf auf und läßt natürlich seine Dame nicht ohne weiteres ziehen, sondern er hält sie an den Schultern fest, wozu er die Hände kurz vom Rücken nehmen darf. Doch dahin kehren sie sofort wieder zurück, wenn der Angriff auf seinen Besitz abgeschlagen ist. Zum allgemeinen Hallo kommt es öfters vor, daß ein Herr nicht aufpaßt oder die Dame schneller ist als sein Zugriff und ihm entflieht. So wird ihr Stuhl leer, und der damenlose Herr muß nun seinerseits eine neue Partnerin heranzwinkern. Haben die Herren eine Zeitlang gezwinkert, treten die Damen hinter die Stühle und versuchen sich in diesem Spiel.

84. Blinder Passagier

Für kleinen Kreis

Material: 1 Bügelbrett, Augenbinde, zwei kräftige Herren als »Träger«

Bitte, wir starten! Wer von unseren Gästen hat Lust zu einer kleinen Flugreise? Bestimmt sind Neugierige da, die uns beim Wort nehmen. Den ersten bitten wir in den Nebenraum, schließen die Tür, verbinden die Augen. Alles begleiten wir mit »fachlichen Reden«, rufen nach den Piloten. Es sind zwei starke Herren, die mit dem umgedrehten Bügelbrett erscheinen. Sie geleiten den blinden Passagier auf das am Boden liegende Bügelbrett, während wir großartig kommentieren: »Ja – bitte hier! Vorbei an einer reizenden Stewardeß – so, hier ist Ihr Platz, mein Herr! Und nun bitte anschnallen!« Die kräftigen Hände fassen das Brett, während wir selbst den Passagier festhalten. Dann hören unsere Lauscher nebenan »Achtung – wir kommen höher – noch höher –«, obwohl das Brett kaum ein paar Zentimeter vom Boden abgehoben wird. Doch unser Passagier hat tatsächlich die Vorstellung, als käme er immer höher. Dann rufen wir »Vorsicht! – die Decke!« Prompt zieht der Fluggast den Kopf ein. Damit erlösen wir ihn, nehmen die Binde ab. Er nimmt uns die kleine Täuschung nicht übel, darf entweder im Zimmer bleiben und Spaß an der Überraschung der nächsten haben, oder er macht für unsere Fluggesellschaft Propaganda im Nebenzimmer, wo unsere anderen Gäste noch warten.

85. Klavierkunst

Für kleinen Kreis

Material: Klavier, Schüssel mit Wasser, Augenbinden, Plattenspieler mit klassischem Klavierkonzert

Ebenso wie »Blinder Passagier« Nr. 84 geht dieser Scherz im Nebenzimmer vor sich. Wir kündigen an, jedem garantiert innerhalb weniger Minuten z. B. das Klavierkonzert: Rhapsodie von Liszt beibringen zu können. Man glaubt es nicht? Bitte – wer will als erster zum Virtuosen werden? Wir geleiten den Mutigen ins Nebenzimmer und schließen die Tür. Drüben führen wir ihn zum Klavier, verbinden ihm die Augen und lassen ihn nun spielen. Natürlich stümpert er zuerst grauslich auf den Tasten herum. Wir erteilen mit erhobener Stimme

»Unterricht«, damit die nebenan Lauschenden alles richtig mitbekommen. Währenddem bringt unser Helfer eine Schüssel mit Wasser, unser zweiter Helfer hält den Plattenspieler mit der Lisztschen Rhapsodie bereit. Und während wir großartig auffordern: »Recht so! Noch einmal voll in die Tasten!« erklingt die echte Rhapsodie per Platte, und unser armer Schüler greift statt in die Tasten in die Schüssel Wasser, die unser Helfer Nr. 1 ihm unterhält. Der Protest geht in unserer dreifach geäußerten Begeisterung über das perlende Klavierkonzert unter.

Nun nehmen wir unserem Klavierkünstler die Augenbinde ab, verpflichten ihn zu schweigen und holen im Nebenzimmer den nächsten ab, während sich der erste entweder an dessen Überraschung erfreuen kann, wenn es ihm ebenso ergeht, oder in den Nebenraum zurückgeht und den noch des »Unterrichts« Harrenden über unsere wirksame »Schnellmethode« zu Propagandazwecken Wunderdinge erzählt.

86. Eierlauf

Für kleinen oder mittleren Kreis

Material: je nach Teilnehmerzahl Limonadenlöffel und unzerbrechliche Nesteier, Stoppuhr

Wenn der Spielleiter das Körbchen mit den Eiern hochhält, freut sich jeder Spieler darauf, daß ein paar Eier am Boden zerplatzen werden.

Aber wir haben unzerbrechliche Nesteier besorgt. Zwei Mannschaften (je eine Dame und ein Herr) stellen sich an der Schmalseite des Raumes auf. Jeder dieser Teilnehmer bekommt einen Limonadenlöffel in die Hand, darauf ein Ei. Nach dem Kommando »Achtung, los!« starten die Paare, und zwar das eine Paar rechts um den Raum herum, das andere entgegengesetzt. Es gilt, die Runde so rasch wie möglich zu durchlaufen, ohne das Ei vom Löffel zu verlieren. Das würde kostbare Sekunden kosten. Rennen ist nicht erlaubt und führt zur Disqualifikation des Paares. Das schnellste Paar kommt in die Ausscheidung. Die Siegerpaare aller Mannschaften werden wiederum in je zwei Paare geteilt und kämpfen um den Siegeslorbeer. Dieses Spiel beschäftigt alle Anwesenden, ob aktiv oder als Zuschauer. Sie feuern ihre Favoriten an, die Stimmung steigt. In kleinerem Kreis können auch Einzelpersonen starten.

87. Eierstafette

Die gleichen Vorbereitungen

Das Spiel wird ebenso durchgeführt, nur teilen wir das »Rennen« insofern, als jede Mannschaft zwei Abteilungen hat, die eine am Start und die zweite an der gegenüberliegenden Schmalseite, wo die Eierträger die Eier an die Limonadenlöffel ihrer zweiten Mannschaft mit möglichst geringem Zeitverlust übergeben müssen. Wer dabei das Ei fallen läßt, scheidet nicht aus, sondern muß es aufheben, auf den Löffel tun und nun verspätet die zweite Hälfte der Runde bewältigen. Die Stoppuhr ist unerbittlich. Die Gegenlaufrichtung der Mannschaften gilt auch hier.

88. Sahnefüttern

Für kleinen bis mittleren Kreis

Material: 2 Laken, 1 oder 2 Schüsseln mit Schlagsahne, Teelöffel, 1 Küchenhocker, Augenbinden, Servietten

Soll der Raum von Gelächter widerhallen, ist das Schlagsahnespiel richtig. Wir stellen zwei Stühle in die Raummitte, dazwischen den Küchenhocker. Die Sitzenden sollen sich über den Hocker hinweg füttern. Auf ihm steht eine Schüssel voll Schlagsahne. Unserer Aufforderung »Wer will seinen Partner mit Sahne füttern?« kommen die

Gäste natürlich gerne nach. Sie sind ja noch ahnungslos. Sitzen sie erst einmal auf den Stühlen, werden ihnen die Laken über die Kleidung gedeckt und die Augen mit den zusammengelegten Servietten verbunden. Dann bekommt jeder nur einen Teelöffel in die Hand. Nun beginnt das Füttern. Es ist ein Kunststück, sowohl die Sahne als auch den Mund des Gegenübersitzenden zu finden! Wer glaubt, es besser zu können, kommt als nächster daran. Die ersten verschwinden im Waschraum oder in der Küche, um sich das »Sahnegesicht« abzuwaschen.

89. Wattelöffeln

Für kleinen Kreis

Material: Topf oder Schüssel, 20 kleine Wattebäusche, etwas größer als 1 Teelöffel, Augenbinde, Stoppuhr

Wir gruppieren uns gemütlich mit Kissen auf dem Fußboden um einen mittelgroßen Topf oder eine Schüssel. Rundherum in deren Nähe liegen die Wattebäusche verteilt. Einem Teilnehmer werden die Augen dicht verbunden, er bekommt einen Teelöffel in die Hand. Nun ertönt unser Kommando »Los!«, die Stoppuhr läuft, und es gilt, die Wattebäusche nur mit Hilfe des Teelöffels in die Schüssel bzw. in den Topf zu löffeln. Ist die vereinbarte Zeit abgelaufen, werden die Wattekugeln gezählt, die im Topf landeten. Wer die meisten schaffte, erhält den Preis. Natürlich können wir das Spiel auch auf dem Tisch ausführen, aber am Boden macht es mehr Spaß.

90. Ballonblasen

Für kleinen Kreis

Material: eine Leine, 1 Luftballon, 1 Reserveballon

Wir bilden zwei Mannschaften (je Dame und Herr), die sich »vor« und »hinter« dem quer durch den Raum in Schulterhöhe gespannten Seil postieren. Dann werfen wir den Ballon auf die Seillinie. Jedes Paar versucht nun, den Ballon in das gegnerische Feld zu blasen. Wem die Puste ausgeht, der hat verloren.

91. Ringspiel

Für kleinen Kreis

Material: ein Ehering, Zahnstocher, Augenbinde

Unsere Gäste sitzen im Kreis auf Stühlen, abwechselnd Damen und Herren. Jeder hält einen Zahnstocher im Mund. Mit diesem Zahnstocher wird ein Ring von Person zu Person weitergegeben. Ein Unbeteiligter, dem wir die Augen verbunden haben, spielt »Hellseher«. Er ruft plötzlich »Schicksal«. Das soll bedeuten, daß diejenigen beiden Partner, die soeben den Ring gewechselt haben, fürs ganze Leben zusammengehören werden.

92. Das Stoffgemälde

Für kleinen bis mittleren Kreis

Material: bunte Stoffreste, weißer Karton (Plakatkarton), 1 Brett, evtl. Kuchenbrett, Stoppuhr

Wir können entweder selbst ein Bild, großflächig, auf den Karton zeichnen oder ein solches aus einer Zeitschrift benutzen. Im ersteren Fall zeichnen wir z. B. ein Mädchen: Kopf (Gesicht mit Stift nachzeichnen), Zöpfe (oder Kopftuch), Bluse, Arme, Rock, Strümpfe, Schuhe.

Diese Teile werden ausgeschnitten. Auf jeden der Teile kleben wir einen farbig passenden Stoffrest, drehen um und schneiden die überstehenden Stoffränder ab. Nun haben wir wie bei einem Puzzlespiel die einzelnen farbigen Teile, die gut erkennbar sein müssen. Sie werfen wir durcheinander in ein Körbchen oder ein Kästchen.

So, jetzt kann unser Spiel steigen. Es ist gut geeignet, eine Tanzpause zu überbrücken und die Stimmung nicht sinken zu lassen. Damit hat es die gleiche Eigenschaft wie das »Schnellmalen« (Nr. 93).

Wer das »Gemälde« am schnellsten auf dem Brett zusammenfügen kann, wird mit einem Preis bedacht.

93. Schnellmalen

Für kleinen oder mittleren Kreis

Material: Kuchenbrett, Farbkreiden, großer Zeichenbogen, Stoppuhr, Reißnägel, Stimmzettel, Bleistiftreste

Eine ebenso unterhaltsame wie lustige Abwechslung während einer Tanzpause ist das Schnellmalen. Wir spüren verborgene Talente auf und prämiieren sie.

Das Brett montieren wir entweder auf einem Stuhl, der auf dem Tisch steht, oder wir befestigen es direkt an der Wand. Jedenfalls muß es für alle gut sichtbar sein. Mit großen Reißnägeln oder Teppichzwekken heften wir den Zeichenbogen auf das Brett. Bunte Farbkreide legen wir für unsere Künstler bereit.

Jeder kann Zuschauer, Kritiker oder Mitwirkender sein, und jeder erhält einen Stimmzettel und einen Bleistift, um das »Genie« zu ermitteln, das den 1. Preis bekommt.

Die Stoppuhr tritt in Aktion, sobald ein Maler beginnt. Wer in der kürzesten Zeit das beste Gemälde fertigbringt, wird zum Sieger erklärt. Wir können auch vorher eine Zeitspanne vereinbaren und denjenigen prämiieren, der in dieser Zeit das beste Bild malte.

Die Motivwahl ist frei. Karikaturen machen natürlich den meisten Spaß. Da nicht jeder ein perfekter Maler ist, kommt sowieso allerhand Lustiges zustande.

94. Die Operation

Schattenspiel für kleinen Kreis

Wir benötigen ein Bettlaken, einen mittelgroßen Tisch, starke Lampe, Küchenbank, 1 Rolle Filzstreifen, 1 Gießkanne, 1 Bügeleisen, 1 Hammer, 1 große Schere, 1 Brotmesser, 1 Pappherz und eine Anzahl als Schatten markant wirkende kleinere Gegenstände, die bei der Operation vom »Chirurgen« aus dem Magen des Kranken herausoperiert werden, sowie Nadel und Faden

Diese Operation kann nur ein redegewandter »Chirurg« ausführen, da während der Vorführung unentwegt gesprochen werden muß. Er soll sein als Schattenspiel sichtbares Tun rednerisch untermalen, geschickt die Gegenstände aus der »Wunde« herausholen und als Schatten sehen lassen. Der endlose Filzstreifen z. B. ist der Darm. Brotmesser und große Schere sind chirurgische Instrumente, die Gießkanne narkotisiert. Der Patient liegt der Länge nach auf dem Tisch, zwischen Tisch und Chirurg steht dicht vor seinen Knien die Küchenbank. Auf ihr sind in einem Kasten die Gegenstände aufbewahrt, die »nach Öffnung herausoperiert werden«.

Zum Schluß entfernt der Chirurg aus Versehen noch das Herz und wundert sich, daß er es nicht mehr schlagen hört. Er bückt sich, findet es im Abfalleimer, setzt es wieder ein, hört befriedigt den Pulsschlag und näht mit Riesennadel und Bindfaden zu.

Der Patient steht auf und dankt seinem »Retter«.

Bettlaken zwischen Verbindungstür spannen! Die Zuschauer nehmen vor der Tür Platz.

95. Drei Tassen

Für kleinen Kreis

Material: 3 Tassen aus Kunststoff, Brotstückchen, ein Pfennig, kleiner Stoffrest

Wer hätte nicht Spaß an Zukunftsdeutung? Bitte sehr – mit einfachsten Mitteln spielen wir Orakel. Drei Obertassen, verkehrt auf den Tisch gestülpt, bergen ein kleines Stückchen Brot, ein Stoffrestchen, einen Pfennig. Eine Dame verläßt den Raum. Inzwischen wechseln wir die Teile unter den Tassen aus. Wir rufen dann die Dame zurück, sie hebt eine Tasse auf: Brot. Zum zweiten Male geht sie hinaus, wieder wechseln wir um. Jetzt hebt sie: Stoff. Und beim dritten Mal wieder Brot. Das Orakel spricht also: »Du hast in Zukunft wohl Kleider und Nahrung, aber kein Geld.« Am schönsten ist es natürlich, wenn jemand alles »gehoben« hat: Kleidung, Essen und Geld.

96. Heiratsorakel

Für kleinen oder mittleren Kreis

Material: 12 Tassen, Symbole für alle möglichen Berufe (siehe unten)

Unsere jungen Damen wird brennend interessieren, wen sie einmal als Ehemann bekommen. Das Tassenorakel garantiert untrüglichen Aufschluß. 12 Obertassen, auf den Tisch gestülpt, bergen Symbole von den verschiedensten Berufen: Hier eine Auswahl, die beliebig verändert oder ergänzt werden kann.

Ein kleiner Blechdeckel mit Wasser	= Seemann
Grünes	= Landwirt
Mehl	= Bäcker
Wurst	= Fleischer
Sand	= Maurer
Bleistift	= Beamter
Heftpflaster	= Arzt
Brille	= Lehrer
Schere	= Schneider
Papier	= Jurist
Schallplattenreklame	= Musiker
Gestreifter Stoff	= Sträfling

Durch Tassenaufheben (siehe Nr. 95) wird das Orakel befragt.

97. Rätselmimik

Für kleinen Kreis

Material: Stimmzettel, Bleistifte

Hier kommen wir nicht ohne vorhergehende Verabredung aus. Wir ziehen einige Gäste, die sich beteiligen wollen, ins Vertrauen. Trotzdem brauchen sie uns die Überraschung noch nicht zu verraten, die

ihre Pantomime bringen soll. Es handelt sich nur darum, daß sie ihre Vorbereitungen treffen und die Requisiten besorgen können.
Wenn wir nach eifrigem Tanzen eine Pause einlegen, ist diese Pantomime gerade richtig.
Im Nebenraum verkleiden sich unsere Mimen (Spiegel nicht vergessen), treten dann vor das Publikum und führen stumm vor, was sie darstellen wollen. Wir halten uns im Hintergrund, passen aber auf, wer aus dem Publikum als erster den Sinn der Mimik erfaßt und genannt hat. Das Publikum seinerseits ermittelt durch Stimmzettel die besten Mimen.

98. Die Juxstory

Für kleinen Kreis

Material: 1 Papierbogen DIN A 4, 1 Bleistift

Für dieses lustige Spiel schneiden wir den Bogen einmal längs durch und kleben die obere Schmalseite des einen Teils an die untere des anderen Teils. So erhalten wir einen langen Papierstreifen. Wir wählen aus den Anwesenden eine Dame und einen Herrn, deren Vornamen wir als Storyüberschrift oben auf den Papierstreifen setzen. Nun wandert dieser mit dem Bleistift reihum. Jeder schreibt einen Satz hinzu, der sich auf die beiden oben Genannten bezieht, und kniff das Geschriebene um, so daß der nächste es nicht lesen kann. Zuletzt ist aus dem Papier ein vielmals gefalteter, schmaler Streifen geworden, auf dem eine lustige Geschichte aufgeschrieben wurde. Wir entrollen den Streifen und lesen sie vor. Garantiert löst der blühende Blödsinn große Heiterkeit aus.

99. Frage und Antwort

Für kleinen Kreis

Wir sitzen alle um einen runden Tisch. Das Spiel besteht darin, daß wir dem Nachbarn zur Rechten eine Frage, dem zur Linken aber eine Antwort ins Ohr sagen. Beide brauchen keine Beziehung aufeinander zu haben. Im Gegenteil, das Spiel wird um so lustiger, je weniger Frage und Antwort sinngemäß verbunden sind.
Zwei Methoden können angewandt werden:

a) Jeder gibt zu Beginn des Spieles nach rechts und links Frage bzw. Antwort durch. Der Empfänger notiert sich die von rechts gehörte Frage und die von links gehörte Antwort und wartet mit dem Aufsagen, bis er an der Reihe ist.
b) Es wird zugeflüstert und sofort aufgesagt.

100. Autorennen

Für mittleren oder größeren Kreis und Raum

Kleine Spielzeugautos, lange Fäden, auf Holzrollen aufgewickelt

An eine Schmalseite des Raumes setzen wir 4 bis 6 Stühle nebeneinander, Abstand etwa 1 Meter. Hier nehmen unsere »Rennfahrer« Platz. Nun stellen wir gegenüber an der anderen Raumseite die Autos entsprechend auf und entrollen vorsichtig die daran befestigten Fäden, bis wir bei den Stühlen angekommen sind. Jeder »Fahrer« erhält nun eine Holzrolle und muß den Faden wieder darauf aufrollen, wodurch »sein Auto« auf ihn zukommt. Achtung: Die Fäden dürfen sich nicht verwirren oder Schlingen auf der Holzrolle verursachen! Wer am besten und schnellsten aufgespult hat, wird prämiiert.